法人税の最新実務Q&Aシリーズ

公益法人・非営利型一般法人・NPO法人

税理士法人 総合経営 編

公認会計士・税理士
西川吉典 著

中央経済社

はしがき

　公益法人等は，その公益性から普通法人のように無制限に法人税を課税することは必ずしも適当と考えられないため，収益事業の所得についてのみ課税されます。また，その公益性から「みなし寄附金」を中心とした優遇制度が認められている一方で，「特別の利益」を供与した場合の厳しいペナルティが課されています。

　したがって，法人税法上の収益事業の範囲，「特別の利益」「みなし寄附金」「区分経理」を中心に，法令・通達条文を解釈するための知識・経験の蓄積が必要となります。

　私は，今でこそ公益法人・非営利法人の税務会計を専門分野の一つとしていますが，始めた時は0スタートでした。この分野は経験がなかったり，苦手意識を持っている専門家が多いと思います。新しい分野にチャレンジすることはチャレンジ精神とそれに耐えうる知的タフネスが要求されると思いますが，環境変化が激しい昨今は専門家も新たなチャレンジを継続することが，社会に必要とされ続けるための必要最低条件だと思います。

　私は父親の影響で中学生からラグビーを始め大学まで，日本一を目指してラグビーを続けていました。「ラグビーワールドカップ2019日本大会」で日本代表が日本人らしく，足の位置1ミリにこだわり，海外の大男とのスクラムに勝ったところを見て心を震わせていました。日々のたゆまない努力と高い目標設定，自分を信じ続ける，新たなことにチャレンジする知的タフネスとその土台となる体力が，高みを目指すために必要だと思っています（と言うことでスポーツを題材にしたQ＆Aが多いですが，どうぞご容赦ください）。

　知的タフネスは，学ぶだけでなく，全力で知識・知恵を使わないと醸成されないと思います。トレーニングをしても試合で使わない，試合に出ようとしないアスリートが成長しないのと同じだと思います。

　本書が新しい分野にチャレンジする専門家や関係者の助けになること，チャレンジのハードルを低くすることを願っております。

　また，日本に非営利法人を中心とした寄附文化が根付き，ビジネスや行政だけでは解決できない社会課題解決のエコシステムができること，そうして，一人ひとりの人生が豊かになることを願っております。

　最後に，我慢強く執筆を支えてくださった中央経済社の秋山宗一氏，執筆を協力していただいた総合経営グループ 医療・社福・公益推進プロジェクト及び藤本慎司氏に深く感謝を申し上げます。

2022年4月

西川　吉典

CONTENTS

第1章 法人形態について

第2章　法人形態に関する Q&A

第3章　法人税法上の収益事業について

第4章　区分経理について

第5章　みなし寄附金について

第6章　その他

6

凡　　例

本書中の法令・通達等は以下の略称を使用しています。

法　法：法人税法（昭和40年法律第34号）

法　令：法人税法施行令（昭和40年政令第97号）

法　規：法人税法施行規則（昭和40年大蔵省令第12号）

所　法：所得税法（昭和40年法律第33号）

措　法：租税特別措置法（昭和32年法律第26号）

措　令：租税特別措置法施行令（昭和32年政令第43号）

措　規：租税特別措置法施行規則（昭和32年大蔵省令第15号）

地　法：地方法人税法（平成26年法律第11号）

地　令：地方法人税法施行令（平成26年政令第139号）

法人法：一般社団法人及び一般財団法人に関する法律（平成18年法律第48号）

認定法：公益社団法人及び公益財団法人の認定等に関する法律（平成18年法律第49号）

整備法：一般社団法人及び一般財団法人に関する法律及び公益社団法人及び公益財団法人の認定等に関する法律の施行に伴う関係法律の整備等に関する法律（平成18年法律第50号）

公益認定等ガイドライン：公益認定等に関する運用について（平成20年4月）

法基通：法人税基本通達（昭和44年5月1日付直審（法）25）

所基通：所得税基本通達（昭和45年7月1日付直審（所）30）

措置法40条通達：租税特別措置法第40条第1項後段の規定による譲渡所得等の非課税の取扱いについて（法令解釈通達）（昭和55年直資2−181（例規））

NPO法：特定非営利活動促進法（平成10年法律第7号）

第1章

法人形態について

Q1　法人税における公益法人等とは

法人税法上の公益法人等の範囲を教えてください。

A ···

SUMMARY　法人税法上の公益法人等は，法人税法別表第二に掲げる法人をいいます。

　　具体的には，公益社団法人・公益財団法人，非営利型法人に該当する一般社団法人・一般財団法人，学校法人，社会福祉法人，宗教法人，NPO法人，医療法人，独立行政法人等が該当します。

　　また，公益社団法人・公益財団法人とは，一般社団法人・一般財団法人のうち公益認定の基準に適合することについて行政庁の認定を受けた法人をいいます（本書においては，以降，公益社団法人・公益財団法人を「公益法人」，非営利型法人に該当する一般社団法人・一般財団法人を「非営利型一般法人」と表記します）。

Reference　法法2六・別表2，NPO法70①

■公益法人等の表（法法2六・別表2）

別表第二　公益法人等の表（第二条，第三条，第三十七条，第六十六条関係）

名称
一般財団法人（非営利型法人に該当するものに限る。）
一般社団法人（非営利型法人に該当するものに限る。）
医療法人（医療法（昭和二十三年法律第二百五号）第四十二条の二第一項（社会医療法人）に規定する社会医療法人に限る。）
貸金業協会
学校法人（私立学校法（昭和二十四年法律第二百七十号）第六十四条第四項（専修学校及び各種学校）の規定により設立された法人を含む。）
企業年金基金
企業年金連合会
危険物保安技術協会
行政書士会

漁業共済組合
漁業共済組合連合会
漁業信用基金協会
漁船保険組合
漁船保険中央会
勤労者財産形成基金
軽自動車検査協会
健康保険組合
健康保険組合連合会
原子力発電環境整備機構
高圧ガス保安協会
広域臨海環境整備センター
公益財団法人
公益社団法人
厚生年金基金
更生保護法人
小型船舶検査機構
国家公務員共済組合
国家公務員共済組合連合会
国民健康保険組合
国民健康保険団体連合会
国民年金基金
国民年金基金連合会
市街地再開発組合
自転車競技会
自動車安全運転センター
司法書士会
社会福祉法人
社会保険労務士会
宗教法人
住宅街区整備組合
酒造組合
酒造組合中央会

酒造組合連合会
酒販組合
酒販組合中央会
酒販組合連合会
商工会
商工会議所
商工会連合会
商工組合（組合員に出資をさせないものに限る。）
商工組合連合会（会員に出資をさせないものに限る。）
商品先物取引協会
消防団員等公務災害補償等共済基金
職員団体等（法人であるものに限る。）
職業訓練法人
信用保証協会
生活衛生同業組合（組合員に出資をさせないものに限る。）
生活衛生同業組合連合会（会員に出資をさせないものに限る。）
税理士会
石炭鉱業年金基金
船員災害防止協会
全国健康保険協会
全国市町村職員共済組合連合会
全国社会保険労務士会連合会
全国農業会議所
損害保険料率算出団体
地方議会議員共済会
地方競馬全国協会
地方公務員共済組合
地方公務員共済組合連合会
地方公務員災害補償基金
中央職業能力開発協会
中央労働災害防止協会
中小企業団体中央会
投資者保護基金

独立行政法人（別表第一に掲げるもの以外のもので，国又は地方公共団体以外の者に対し，利益又は剰余金の分配その他これに類する金銭の分配を行わないものとして財務大臣が指定をしたものに限る。）
土地改良事業団体連合会
土地家屋調査士会
都道府県職業能力開発協会
都道府県農業会議
日本行政書士会連合会
日本勤労者住宅協会
日本公認会計士協会
日本司法書士会連合会
日本商工会議所
日本消防検定協会
日本私立学校振興・共済事業団
日本税理士会連合会
日本赤十字社
日本電気計器検定所
日本土地家屋調査士会連合会
日本弁護士連合会
日本弁理士会
日本水先人会連合会
認可金融商品取引業協会
農業共済組合
農業共済組合連合会
農業協同組合中央会
農業協同組合連合会（医療法第三十一条（公的医療機関の定義）に規定する公的医療機関に該当する病院又は診療所を設置するもので政令で定める要件を満たすものとして財務大臣が指定をしたものに限る。）
農業信用基金協会
農水産業協同組合貯金保険機構
負債整理組合
弁護士会
保険契約者保護機構

水先人会
輸出組合（組合員に出資をさせないものに限る。）
輸入組合（組合員に出資をさせないものに限る。）
預金保険機構
労働組合（法人であるものに限る。）
労働災害防止協会

　本書で紹介する法人以外では，日本公認会計士協会，税理士会，弁護士会，司法書士会といった専門家団体や，商工会，商工会議所，信用保証協会といった身近な団体も公益法人等に該当します。

DETAIL >

　行政庁の公益認定と法人税法の関係は次の図表を参照してください（次頁の表は財務省HP資料から筆者が加筆）。

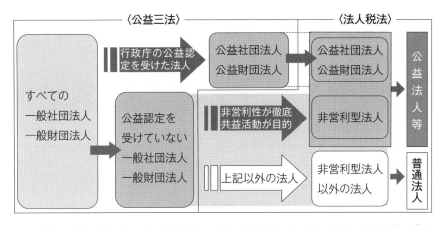

　（注）　公益三法とは，①一般社団法人及び一般財団法人に関する法律（法人法），②公益社団法人及び一般財団法人の認定等に関する法律（認定法），③前2法律の施行に伴う関係法律の整備等に関する法律（整備法）を指しています。
　（出所）　国税庁「新たな公益法人関係税制の手引き」6頁

	公益社団法人 公益財団法人	学校法人 社会福祉法人	宗教法人 独立行政法人 等	認定NPO法人 特例認定NPO法人	非営利型の一般社団法人 一般財団法人 NPO法人	一般社団法人 一般財団法人
根拠法	認定法	私立学校法 社会福祉法	宗教法人法 独立行政法人通則法 等	特定非営利活動促進法	法人法（法人税法）特定非営利活動促進法	法人法
課税対象	収益事業から生じた所得にのみ課税 ただし，公益目的事業に該当するものは非課税	収益事業から生じた所得にのみ課税				すべての所得に対して課税
みなし寄附金 ※損金算入限度額	あり ※次のいずれか多い金額 ①所得金額の50% ②みなし寄附金額のうち公益目的事業の実施に必要な金額	あり ※次のいずれか多い金額 ①所得金額の50% ②年200万円	あり ※所得金額の20%	あり（特例認定NPO法人は適用なし）※次のいずれか多い金額 ①所得金額の50% ②年200万円	なし	
法人税率 （所得年800万円までの税率）	23.2%(15%)	19%(15%)			23.2%(15%)	
寄附者に対する優遇	あり		あり（宗教法人等を除く）	あり	―	

●特定非営利活動促進法

> 第70条　特定非営利活動法人は，法人税法その他法人税に関する法令の規定の適用については，同法第2条第6号に規定する公益法人等とみなす。

Q2　公益法人等に対する法人税の課税制度

　公益法人等が，収益事業を営んでいる場合の課税関係はどのようになりますか？

A ···

SUMMARY　公益法人等は，①収益事業を営む場合，②法人課税信託の引受けを行う場合又は③退職年金業務等を行う場合のみ，法人税が課税されます（法法4①ただし書）。その行う事業が収益事業に該当する場合には，その行う事業が当該公益法人等の本来の目的たる事業であるときであっても，当該事業から生ずる所得には法人税が課税されます（法基通15－1－1）。

Reference　法法2⑬・4①ただし書，法令5①②，法基通15-1-1・15-1-2(1)

DETAIL

　ここでいう収益事業ですが，認定法上の収益事業等と法人税法上の収益事業とは，定義や考え方が全く異なります。

　認定法上の収益事業等とは，公益目的事業以外の事業をいい（認定法5七），収益事業とその他の事業に区分されます。

■ **認定法上の収益事業等の定義**

収益事業等（公益目的事業以外の事業）	収益事業	一般的に利益を上げることを事業の性格とする事業
	その他の事業	一事業として取り上げる程度の事業規模や継続性がないもの
		法人の構成員を対象として行う相互扶助等の事業

　一方，法人税法上の収益事業とは，「販売業，製造業その他の政令で定める事業で，継続して事業場を設けて行われるもの」をいい（法法2⑬），「販売業，製造業その他の政令で定める事業」は，法人税法施行令5条1項において，34

種類の事業が限定列挙されており，営まれる事業が34種類の事業に該当する場合に限り，法人税が課税されます。

■法人税法上の収益事業となる事業の種類

(1)	物品販売業	(18)	代理業
(2)	不動産販売業	(19)	仲立業
(3)	金銭貸付業	(20)	問屋業
(4)	物品貸付業	(21)	鉱業
(5)	不動産貸付業	(22)	土石採取業
(6)	製造業	(23)	浴場業
(7)	通信業	(24)	理容業
(8)	運送業	(25)	美容業
(9)	倉庫業	(26)	興行業
(10)	請負業	(27)	遊技所業
(11)	印刷業	(28)	遊覧所業
(12)	出版業	(29)	医療保健業
(13)	写真業	(30)	技芸教授業
(14)	席貸業	(31)	駐車場業
(15)	旅館業	(32)	信用保証業
(16)	料理店業その他の飲食店業	(33)	無体財産権の提供等を行う事業
(17)	周旋業	(34)	労働者派遣業

　　ただし，営まれる事業が上記34種類の事業に該当する場合であっても，例外的に収益事業から除外されるケースがあり，すべての事業に共通して除外されるケースと，法人税法施行令5条1項各号において事業ごとに規定される各事業で個別に除外されるケースの2つに大別されます。

■34種類の事業であっても収益事業から除外される例

すべての事業で除外される例	公益法人の公益目的事業に該当する場合 （法令5②一）
個別の事業で除外される例	実費弁償の請負業で一定の要件を満たしたもの （法令5①十イ）

　公益法人の公益目的事業に該当するものについて収益事業の範囲から除外しているのは，収益事業課税制度の仕組みを基本的に維持しつつも，公益法人の公益目的事業についてはその公益性に鑑み特別に非課税としているためと考えられます。

　なお，上記法人税法施行令5条2項1号における公益法人には，非営利型一般法人は含まれていないことに注意が必要です。

　また，営まれる事業が認定法上の収益事業等に該当する場合であっても，法人税法施行令5条に定める上記34種類の事業に該当しないときは，法人税は課税されません。

■ 認定法上の事業の区分と法人税法上の収益事業の関係

		法人税法施行令の事業の区分	
		34種類に該当	34種類に該当しない
認定法上の事業の区分	公益目的事業	法人税法上の非収益事業	法人税法上の非収益事業
	収益事業	法人税法上の収益事業	
	その他の事業		

　上記の通り，認定法上の収益事業等と法人税法上の収益事業の定義は，全く異なるものであるため，法人税法上の課税所得の計算の際には留意が必要です。

● 法人税基本通達

（公益法人等の本来の事業が収益事業に該当する場合）
15-1-1　公益法人等（人格のない社団等を含む。）が令第5条第1項各号《収益事業の範囲》に掲げる事業のいずれかに該当する事業を行う場合には，たとえその行う事業が当該公益法人等の本来の目的たる事業であるときであっても，当該事業から生ずる所得については法人税が課されることに留意する。

●**法人税法施行令**

（収益事業の範囲）

第5条

2　次に掲げる事業は，前項に規定する事業に含まれないものとする。

　一　公益社団法人又は公益財団法人が行う前項各号に掲げる事業のうち，公益社団法人及び公益財団法人の認定等に関する法律第2条第4号（定義）に規定する公益目的事業に該当するもの

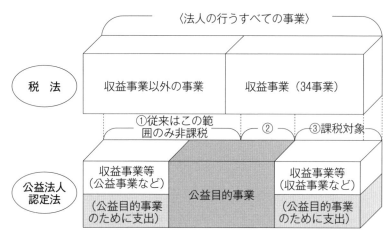

（注）　1　公益法人認定法上，公益目的事業以外の事業を「収益事業等」といいます（公益法人認定法5七）。

　　　　2　②の範囲に該当する事業については，法人税法上，収益事業から除外されています。

（出所）　国税庁「新たな公益法人関係税制の手引き」33頁

■**収益事業に該当する業務「委託契約」に基づいて他の者に行わせている場合**

　例えば，施設内における食堂や売店などを第三者に委託して収益金の一部の分配を受ける場合が考えられます。このような場合には公益法人が自ら「⑴物品販売業」「⒃料理店業その他の飲食店業」を行っているものとして課税されます。

●**法人税基本通達**

（委託契約等による事業）

15－1－2　公益法人等の行う事業につき次に掲げるような事情がある場合には，その公益法人等が自ら収益事業を行っているものとして取り扱うことになるのであるから留意する。

(1)　公益法人等が収益事業に該当する事業に係る業務の全部又は一部を委託契約に基づいて他の者に行わせている場合

Q3　非営利型一般法人の要件①

このたび，共益的活動を目的として法人を設立しました。法人税法上の非営利型一般法人となるためには，申請・届出等の手続が必要となるのでしょうか？

A ………………………………………………………………………………

SUMMARY

① 　非営利型一般法人に該当するか否かは，法人税法施行令に掲げられている要件に該当するか否かによります。そのため，特に申請・届出等の手続は必要ありません。

② 　公益法人になるためには，一般法人を設立後に，行政庁の認定が必要です。

Reference　法法２九の二，法令３①②，法基通１-１-10，法人法11②・35③・153③，認定法⑤八

DETAIL ①

非営利型一般法人には，「非営利性が徹底された法人」と「共益的活動を目的とする法人」の２つの類型があります。

それぞれ法人税法施行令に掲げられている要件のすべてに該当しているか否かによって，非営利型一般法人に該当するか否かが決定します。そのため，非営利型一般法人となるために税務上特段の手続を行う必要はありません。

また，法人税法施行令に掲げられている要件に一つでも該当しなくなった場合，税務上特段の手続を行うことなく，非営利型一般法人から普通法人となります。

なお，普通法人が非営利型一般法人になった場合には，「異動届出書」を納税地の所轄税務署長に提出する必要があります。また，非営利型一般法人から普通法人になった場合にも「異動届出書」を提出する必要があります。

次の図表は，「非営利性が徹底された法人」及び「共益的活動を目的とする

■非営利性が徹底された法人の要件（法法2九のニイ，法令3①）

1	剰余金の分配を行わないことを定款に定めていること。
2	解散したときは，残余財産を国・地方公共団体や一定の公益的な団体に贈与することを定款に定めていること。
3	上記1及び2の定款の定めに違反する行為（上記1，2及び下記4の要件に該当していた期間において，特定の個人又は団体に特別の利益を与えることを含みます）を行うことを決定し，又は行ったことがないこと。
4	各理事について，理事とその理事の親族等である理事の合計数が，理事の総数の3分の1以下であること。

■共益的活動を目的する法人の要件（法法2九のニロ，法令3②）

1	会員に共通する利益を図る活動を行うことを目的としていること。
2	定款等に会費の定めがあること。
3	主たる事業として収益事業を行っていないこと。
4	定款に特定の個人又は団体に剰余金の分配を行うことを定めていないこと。
5	解散したときにその残余財産を特定の個人又は団体に帰属させることを定款に定めていないこと。
6	上記1から5及び下記7の要件に該当していた期間において，特定の個人又は団体に特別の利益を与えることを決定し，又は行ったことがないこと。
7	各理事について，理事とその理事の親族等である理事の合計数が，理事の総数の3分の1以下であること。

法人」の要件をまとめたものです。

　「非営利性が徹底された法人」と「共益的活動を目的とする法人」の要件の違いは，以下の通りです。

	非営利徹底型法人	共益的活動型法人
剰余金の分配	できない	可能
解散時残余財産の分配		
収益事業の制約	ない	50%を超えてはいけない
譲渡所得税非課税の特例の適用	ある	ない

（1） 剰余金分配に関する要件

　「非営利性が徹底された法人」においては，剰余金分配を行わないことを定款に明記することを要しますが，「共益的活動を目的とする法人」においては，特定の個人又は団体に剰余金の分配を行うことを定款に定めていなければよいこととされており，「共益的活動を目的とする法人」の要件の方が緩いといえます。

　ここで，「非営利性が徹底された法人」の要件について説明します。法人法上，一般社団法人・一般財団法人の剰余金の分配に関しては，社員に剰余金又は残余財産の分配を受ける権利を与える旨の定款の定めはその効力を有さず（法人法11②），社員総会において社員に剰余金を分配する旨の決議をすることはできず（法人法35③），設立者に剰余金又は残余財産の分配を受ける権利を与える旨の定款の定めはその効力を有さないとされており（法人法153③），剰余金分配制限の規定があります。ですが，上記剰余金の分配制限は，社員や設立者に対するものであり，それ以外の者に対する剰余金の分配制限は規定されておりません。すなわち，法人法における剰余金分配制限の規定は，法人税法上の「非営利性が徹底された法人」における剰余金分配の制限と全く同一というわけではありません。

　したがって，利益分配を目的としない「非営利性が徹底された法人」となるためには，定款において「剰余金の分配を行わないこと」を明記する必要があるのです。

（2） 解散時残余財産に関する要件

　「非営利性が徹底された法人」においては，解散したときの残余財産を国・地方公共団体や一定の公益的な団体に贈与することを定款に明記することを要しますが，「共益的活動を目的とする法人」においては，特定の個人又は団体に残余財産を帰属させることを定款に定めていなければよいこととされており，「共益的活動を目的とする法人」の要件の方が緩いといえます。

（3）　収益事業に関する要件

　「共益的活動を目的とする法人」は「主たる事業として収益事業を行っていないこと」が要件になりますが，「非営利性が徹底された法人」はそのような要件は定められていません。ここでいう「収益事業」は法人税法上の収益事業です。事業収益が法人のおおむね50％を超えていたとしても，その事業収益が法人税法上の収益事業でなければ「共益的活動を目的とする法人」の要件を満たしています。例えば，講習会・セミナーの事業収益が主な収益である法人でも，その講習会・セミナーが㉚技芸教授業の22種類に該当せず法人税法上の収益事業でない場合は，「共益的活動を目的とする法人」の要件を満たしています（「**Q45**　収益事業の判定⑳〜講習会・セミナーは収益事業に該当しますか？（㉚技芸教授業）」参照）。なお，「主たる事業」の判定は，収入金額，費用金額，資産の価額，従業員の数などのなかから，法人の事業の態様に応じた合理的指標を使い非収益事業の割合がおおむね50％を超えるかどうかにより判定します（法基通1−1−10）。この50％は，公益認定基準の「公益目的事業比率が100分の50以上となると見込まれるものであること」（認定法5八）を参考にしています。

　それぞれの法人が収益事業についてのみ課税される理由は相違します。「非営利性が徹底された法人」の場合は「必ずしも利益を獲得する活動を行うとは限らないから，収益事業を行う場合に限り課税するのが適当である」から，「共益的活動を目的とする法人」の場合は「会費の収入時期と支出時期とのタイムラグにより一過性の余剰が生じることは避けられないものの，このような余剰への課税は，活動実態に照らして必ずしも合理的と言えない」から，とされています。

●法人法

> （一般社団法人の定款記載又は記録事項）
> 第11条
> 2　社員に剰余金又は残余財産の分配を受ける権利を与える旨の定款の定めは，その効力を有しない。
> （一般社団法人の社員総会の権限）
> 第35条
> 3　前2項の規定にかかわらず，社員総会は，社員に剰余金を分配する旨の決議をすることができない。
> （一般財団法人の定款記載又は記録事項）
> 第153条
> 3　次に掲げる定款の定めは，その効力を有しない。
> 　二　設立者に剰余金又は残余財産の分配を受ける権利を与える旨の定款の定め

●法人税基本通達

> （主たる事業の判定）
> 1－1－10　令第3条第2項第3号《非営利型法人の範囲》に規定する「主たる事業として収益事業を行つていない」場合に該当するかどうかは，原則として，その法人が主たる事業として収益事業を行うことが常態となっていないかどうかにより判定する。この場合において，主たる事業であるかどうかは，法人の事業の態様に応じて，例えば収入金額や費用の金額等の合理的と認められる指標（以下1－1－10において「合理的指標」という。）を総合的に勘案し，当該合理的指標による収益事業以外の事業の割合がおおむね50％を超えるかどうかにより判定することとなる。
> 　ただし，その法人の行う事業の内容に変更があるなど，収益事業の割合と収益事業以外の事業の割合の比に大きな変動を生ずる場合を除き，当該事業年度の前事業年度における合理的指標による収益事業以外の事業の割合がおおむね50％を超えるときには，その法人は，当該事業年度の開始の日において「主たる事業として収益事業を行つていない」場合に該当しているものと判定して差し支えない。
> 　（注）　本文後段の判定を行った結果，収益事業以外の事業の割合がおおむね

> 50％を超えないとしても，そのことのみをもって「主たる事業として収益
> 事業を行つていない」場合に該当しないことにはならないことに留意する。

●**認定法**

> （公益認定の基準）
> 第5条　行政庁は，前条の認定（以下「公益認定」という。）の申請をした一般
> 　　社団法人又は一般財団法人が次に掲げる基準に適合すると認めるときは，当
> 　　該法人について公益認定をするものとする。
> 　　八　その事業活動を行うに当たり，第15条に規定する公益目的事業比率が100
> 　　　分の50以上となると見込まれるものであること。

DETAIL ②

　公益法人になるためには，一般法人を設立した後に，公益認定基準をクリア
して，行政庁の認定を受ける必要があります。

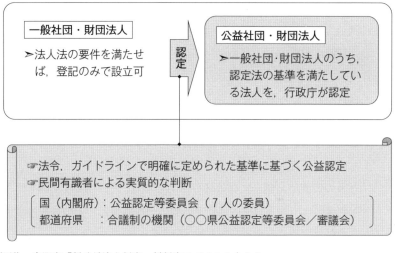

（出所）　内閣府「新公益法人制度　新制度のポイント」より

Q4 非営利型一般法人の要件②〜理事の親族等の割合に係る要件

　非営利型一般法人に該当する要件の一つに，「各理事について，理事とその理事の親族等である理事の合計数が，理事の総数の3分の1以下であること」がありますが，社員や評議員に関しては上記のような要件はありますか？

A ···

SUMMARY〉　社員，評議員のいずれも，親族等の割合に係る要件はありません。

Reference　法法2九の二，法令3①〜③，法規2の2①

DETAIL〉

　「非営利性が徹底された法人」「共益的活動を目的とする法人」のいずれにおいても，非営利型一般法人に該当する要件の一つに，「各理事について，理事とその理事の親族等である理事の合計数が，理事の総数の3分の1以下であること」があります（法法2九の二イ，法令3①②）。なお，非営利型一般法人の組織については「**Q16**　NPO法人と非営利型一般法人の違いを教えてください」をご参照ください。

　上記要件は，理事とその親族等である理事の合計数で判定するものであり，社員，評議員のいずれも親族等の割合に係る要件は特にありません。

　ここで，理事の親族等の割合を判定する際に注意すべき点が2点あります。

（1）　親族でない者でも理事と一定の特殊の関係のある者は，親族等に該当すること（次頁の表参照）

　　　理事の親族等の割合に係る要件においては，「その理事及びその理事の配偶者又は三親等以内の親族その他のその理事と一定の特殊の関係のある者」を含めて割合を判定します。

（2）　法律上の理事だけでなく，その法人の経営に従事している者は理事とみなされること

■理事と一定の特殊の関係のある者（法規2の2①）

1	その理事の配偶者
2	その理事と三親等以内の親族
3	その理事と婚姻の届出をしていないが，事実上婚姻関係と同様の事情にある者
4	その理事の使用人
5	上記1から4以外の者で，その理事から受ける金銭その他の資産によって生計を維持している者
6	上記3から5の者と生計を一にするこれらの者の配偶者又は三親等以内の親族

　　　理事の親族等の割合に係る要件の判定にあたっては，法律上の理事のみでなく，一般社団法人又は一般財団法人の使用人（職制上使用人としての地位のみを有する者に限ります。）以外の者でその一般社団法人又は一般財団法人の経営に従事している者は，その一般社団法人又は一般財団法人の理事とみなされることになります（法令3③）。

　なお，公益法人の場合は，親族等の割合に係る要件だけでなく，同一団体の理事，使用人等が3分の1を超えてはいけない，という要件があります。公益法人が特定の利害を代表する集団から支配されるような場合には，不特定かつ多数の者の利益の増進に寄与するという公益法人本来の目的に反した業務運営が行われるおそれがあるためです。公益法人以外の非営利型一般法人には同一団体の要件はありません。

Q5　非営利型一般法人の要件③～理事の一時的な欠員

　非営利型一般法人です。２ヵ月前に理事Ａが亡くなったことにより，理事Ｂとその親族等である理事の合計数が理事の総数の３分の１を超える状態になってしまいました。このたび，理事Ｂとは親族関係その他何の関係もない理事Ｃが就任したことにより，再び理事Ｂとその親族等である理事の合計数は３分の１以下となりましたが，理事の親族等の割合に係る要件について一時的な欠員により満たさなくなる場合にも，非営利型一般法人でなくなってしまうのでしょうか？

A ･･･

SUMMARY⟩　非営利型一般法人の理事の退任に起因して理事の親族等の割合に係る要件に該当しなくなった場合において，当該要件に該当しなくなった時から相当の期間内に理事の変更等を行う等により，再び当該要件に該当しているものと認められるときは，継続して当該要件に該当しているものと取り扱って差し支えないものと考えられます。

（Reference)　法基通１-１-12

DETAIL ⟩

　理事の親族等の割合に係る要件の判定は，原則として判定されるときの現況によることとされています。理事の親族等の割合に係る要件をぎりぎりの水準で満たしているような非営利型一般法人の場合，一部の理事が退任することによって判定の分母となる理事の総数が減少し，結果として３分の１を超えてしまうようなケースが想定されるところです。

　このような場合にまで，一律にその時の現況により親族等の割合に係る要件を判定した場合，退任した時点において非営利型一般法人でなくなり普通法人となってしまうことは実情にそぐわないといえます。

　そのため，このような場合であっても，要件に該当しなくなった時から相当

の期間内に理事の変更を行う等により，再度要件に該当していると認められるときには，継続してこの要件に該当しているものと取り扱って差し支えないとされています（法基通1－1－12）。

　ここで，「相当の期間」がどのくらいの期間であるかが問題となってきます。「相当の期間」とは，再度要件に該当している状態になるために通常行われるべき努力に要する期間という意味であり，個々の法人の事情により異なると考えられ，期間には幅があります。候補者の選定や変更手続等の日数を考慮すると，要件に該当しなくなった時から3〜4ヵ月程度で理事の変更等が行われていれば，「相当の期間」内に再度要件に該当しているものと判断されることになりましょう。

●**法人税基本通達**

> （理事の親族等の割合に係る要件の判定）
> 1－1－12　令第3条第1項第4号及び第2項第7号《非営利型法人の範囲》に規定する要件に該当するかどうかの判定は，原則として，判定される時の現況によることに留意する。
> 　ただし，例えば，非営利型法人が理事の退任に基因して当該要件に該当しなくなった場合において，当該該当しなくなった時から相当の期間内に理事の変更を行う等により，再度当該要件に該当していると認められるときには，継続して当該要件に該当しているものと取り扱って差し支えない。

Q6 非営利型一般法人の要件④〜理事2名で非営利型一般法人を設立してしまいました

> 　非営利型一般法人を想定し，最小限の人数で設立をしました。親族でない理事2名で設立したのですが，問題ありませんか？

A ···

SUMMARY ▷ 　非営利型一般法人の理事は3名以上必要と解釈されていますので，問題があります。

Reference 　法令3①四・②七

DETAIL ▷

　各理事について，理事とその理事の親族等である理事の合計数が，理事の総数の3分の1以下であることが必要です。

　（理事＋その理事と親族等である理事）／理事の総数＜3分の1

を成立させるためには，分母の理事総数が3名以上必要，と解釈します。

理事の総数が2名である時点で，親族である理事が0名であっても以下の通り3分の1を超えてしまいます。

　（1＋0）／2＞3分の1

●法人税法施行令

> （非営利型法人の範囲）
> 第3条　法第2条第9号の2イ（定義）に規定する政令で定める法人は，次の各号に掲げる要件の全てに該当する一般社団法人又は一般財団法人とする。
> 　四　各理事について，当該理事及び当該理事の配偶者又は三親等以内の親族その他の当該理事と財務省令で定める特殊の関係のある者である理事の合計数の理事の総数のうちに占める割合が，3分の1以下であること。
> 2　法第2条第9号の2ロに規定する政令で定める法人は，次の各号に掲げる要件の全てに該当する一般社団法人又は一般財団法人とする。
> 　七　各理事について，当該理事及び当該理事の配偶者又は三親等以内の親族その他の当該理事と財務省令で定める特殊の関係のある者である理事の合計数の理事の総数のうちに占める割合が，3分の1以下であること。

Q7 非営利型一般法人の要件⑤～会費は理事会で決定すると定めてしまいました

当法人は非営利型一般法人のうち「共益的活動を目的とする法人」です。会費は理事会で決定すると定款で規定していますが，問題ありませんか？

A ··

SUMMARY 「共益的活動を目的とする法人」の会費は，社員総会あるいは評議員会で定める必要がありますので，問題があります。

Reference 法令3②二

DETAIL

社団法人における社員総会，財団法人における評議員会は，理事会を構成する理事や監事の人事権を握っており，理事会や理事の業務執行を監督する立場にあります。「共益的活動を目的とする法人」であるには，最高意思決定機関である，社員総会あるいは評議員会で会費を定める必要がありますので，注意が必要です。

なお，非営利型一般法人の組織については「**Q16** NPO法人と非営利型一般法人の違いを教えてください」をご参照ください。

●法人税法施行令3条2項2号

（非営利法人の範囲）

その定款（定款に基づく約款その他これに準ずるものを含む。）に，その会員が会費として負担すべき金銭の額の定め又は当該金銭の額を社員総会若しくは評議員会の決議により定める旨の定めがあること。

Q8 非営利型一般法人の要件⑥〜特別の利益

> 非営利型一般法人です。「特別の利益を与えること」の要件についてですが，法人税法上の収益事業のみが課税の対象となるのですから，法人税法上の収益事業において抵触しなければ問題とならないと考えて宜しいでしょうか？

A ··

SUMMARY〉 「特別の利益を与えること」には，法人税法上の収益事業に限らず，非収益事業において行われる経済的利益の供与又は金銭その他の交付が含まれます。

(Reference) 法令3①三・②六，法基通1−1−8

DETAIL〉

　特別の利益を与えることについては，法人自体の非営利性を判断するものであることから，法人税法上の収益事業に該当するか否かに関係なく判断することになります。そのため，仮に収益事業以外の事業（非収益事業）において特別の利益の要件に抵触した場合には非営利性が否認されることになるため，特別の利益に関しては，収益事業に該当するか否かに関係なく注意が必要です。

　また，この要件は「行ったことがない」と過去形になっているので，一度行ってしまうと非営利型一般法人には戻れないので，特に注意が必要です。

　なお，「特別の利益を与えること」を含む，定款違反行為を行うことを決定，又は行ったことがないことが非営利型一般法人の要件になっています。

●法人税法施行令3条1項3号

（非営利法人の範囲）
　前2号の定款の定めに反する行為（前2号及び次号に掲げる要件の全てに該当していた期間において，剰余金の分配又は残余財産の分配若しくは引渡し以外の方法（合併による資産の移転を含む。）により特定の個人又は団体に特別の利益を与えることを含む。）を行うことを決定し，又は行つたことがないこと。

●法人税法施行令3条2項6号

　前各号及び次号に掲げる要件の全てに該当していた期間において，特定の個人又は団体に剰余金の分配その他の方法（合併による資産の移転を含む。）により特別の利益を与えることを決定し，又は与えたことがないこと。

●法人税基本通達

（非営利法人における特別の利益の意義）
1－1－8　令第3条第1項第3号及び第2項第6号《非営利型法人の範囲》に規定する「特別の利益を与えること」とは，例えば，次に掲げるような経済的利益の供与又は金銭その他の資産の交付で，社会通念上不相当なものをいう。
(1)　法人が，特定の個人又は団体に対し，その所有する土地，建物その他の資産を無償又は通常よりも低い賃貸料で貸し付けていること。
(2)　法人が，特定の個人又は団体に対し，無利息又は通常よりも低い利率で金銭を貸し付けていること。
(3)　法人が，特定の個人又は団体に対し，その所有する資産を無償又は通常よりも低い対価で譲渡していること。
(4)　法人が，特定の個人又は団体から通常よりも高い賃借料により土地，建物その他の資産を賃借していること又は通常よりも高い利率により金銭を借り受けていること。
(5)　法人が，特定の個人又は団体の所有する資産を通常よりも高い対価で譲り受けていること又は法人の事業の用に供すると認められない資産を取得していること。
(6)　法人が，特定の個人に対し，過大な給与等を支給していること。
　なお，「特別の利益を与えること」には，収益事業に限らず，収益事業以外の事業において行われる経済的利益の供与又は金銭その他の資産の交付が含まれることに留意する。

Q9　通常よりも低い家賃で貸し付けていた場合は「特別の利益」に該当しますか？

当法人は，特定の個人に対して所有する建物を通常よりも低い家賃で貸し付けているのですが，「特別の利益」に該当しないでしょうか？

A ···

SUMMARY　単に経済的利益の供与又は金銭その他の資産の交付が行われたかどうかだけでなく，それが社会通念上不相当なものであるかどうかにより判断されます。

Reference　国税庁　その他法令解釈に関する情報／法人税／1　納税地及び納税義務　1-1-8解説

DETAIL

　例えば，法人が特定の個人に対してその所有する建物を通常よりも低い家賃で貸し付けていたとしても，それが特定の個人に対して給与課税が行われない，あるいは寄附金とされない程度のものであれば，社会通念上不相当なものとは言えず，「特別の利益」には当たらない，とされています。

　一方，法人が非収益事業において収入を除外し，あるいは経費の水増し計上を行って，これにより捻出した資金をもって特定の理事に簿外の給与を支給するなどの行為を行っているような場合があれば，社会通念上不相当なものとして，「特別の利益」に当たる，とされています。

●国税庁　その他法令解釈に関する情報／法人税／1　納税地及び納税義務　1-1-8解説

　2　本通達では，この「特別の利益を与えること」の意義について，例示により明らかにしている。

　(1)から(6)までは，いずれも特定の個人又は団体に対する経済的利益の供与又は金銭その他の資産の交付の例示である。この規定が実質的な剰余金の分配や

残余財産の分配又は引渡しといった利益移転に該当する行為も要件違反の対象とする趣旨であることからすれば，「特別の利益を与えること」とは，通常，経済的利益の供与又は金銭その他の資産の交付を伴うものと考えられるが，例えば役員の選任や事業の運営に関して与えられる優遇などが必ずしもこれに当たらないということではなく，ケースバイケースで判断することになろう。

　また，「特別の利益」に当たるかどうかは，一般的には，その法人が行う事業の具体的な内容等に基づいて個別に判断することになるのであるが，その場合，単に経済的利益の供与又は金銭その他の資産の交付が行われたかどうかだけでなく，それが社会通念上不相当なものであるかどうかにより判断する必要がある。例えば，法人が特定の個人に対してその所有する建物を通常よりも低い家賃で貸し付けていたとしても，それが特定の個人に対して給与課税が行われない，あるいは寄附金とされない程度のものであれば，社会通念上不相当なものとは言えず，特別の利益には当たらないこととなる。

　なお，公益社団法人又は公益財団法人に対して当該法人が行う公益を目的とする事業のためにする寄附等は，一般的には特定の団体に対する特別の利益供与には該当しない。

3　本通達のなお書きにおいて，「特別の利益を与えること」には，収益事業に限らず，非収益事業において行われる経済的利益の供与又は金銭その他の資産の交付が含まれることを留意的に明らかにしている。例えば，法人が非収益事業において特定の理事から土地，建物を通常よりも高い賃借料により賃借しており，当該理事に対して給与課税が行われるような場合には，当該理事に対して「特別の利益」を与えたことになり，この要件に該当しないこととなる。

　このほかにも，法人が非収益事業において収入を除外し，あるいは経費の水増し計上を行って，これにより捻出した資金をもって特定の理事に簿外の給与を支給するなどの行為を行っているような場合があれば，社会通念上不相当なものとして，当該理事に対して「特別の利益」を与えたこととなるのは当然であろう。

Q10 「特別の利益」を事前にチェックする方法はないでしょうか？①

税務調査により非営利性が否認されると，過去の非収益事業課税所得に累積課税されてしまいます。このような大きなリスクを回避したいのですが，法人税基本通達１－１－８は例示列挙なので，他により具体的にチェックする方法はないでしょうか？

A ···

SUMMARY▷ 直接的に規制するものではありませんが，特定医療法人のために国税庁が公表している「特定医療法人承認要件自己チェックシート」（次頁に抜粋）が参考になります。日常的，定期的なチェックが望まれます。

なお，国税庁が公表している「特定医療法人制度FAQ」では，「「特別の利益を与えないこと」とは具体的にどのようなことをいいますか」という質問に対して「医療法人の特殊関係者に対し，根拠なく不相応な利益を与えないことをいいますが，特別の利益は，給与等の金銭的利益に限るものではなく，手続上の優遇措置なども該当します。また，MS法人などの関係法人を通じて，特殊関係者に特別の利益を与えている場合も該当します。特別の利益を与えているとされる例については，「特定医療法人承認要件自己チェックシート」中段に列挙していますので参照してください。」と答えています。

Reference 国税庁「特定医療法人承認要件自己チェックシート」，同「特定医療法人制度FAQ」

DETAIL▷

次頁のチェックシートのとおり。

2号要件（運営組織が適正であること） 3号要件（役員等への特別の利益がないこと）	適正	
	二号	三号
給与等の支給 役員や役員の親族等に対して，不相当に高額な給与が支給されていないか	☐	☐
医師や職員の給与（賞与，退職金を含む。）が給与規程に基づき支給されているか	☐	
特殊な事情により規程に基づかない採用をするときは，理事会等に諮った上で個別契約を結んでいるか	☐	
役員報酬の金額について，社員総会等の承認を得ているか	☐	
住宅手当の支給及び住居費の徴収は福利厚生規程等に基づき適正に行われているか	☐	
その他の各種手当について，規程に基づき適正に支給されているか	☐	
役員や役員の親族等の個人的な費用を法人が負担していないか		☐
資産の運用 住宅貸付，福利厚生設備の利用について，職員全員に周知され，福利厚生規程等に基づき適正に行われているか	☐	
役員や役員の親族等のみに住宅，設備を利用させている又は他の従業員に比し有利な条件で利用させていないか		☐
法人の所有する資産を役員や役員の親族等に無償又は著しく低い価額で譲渡していないか		☐
役員や役員の親族等から資産を過大な賃貸料で借り受けていないか		☐
役員や役員の親族等から資産を過大な対価で譲り受けていないか		☐
役員や役員の親族等から法人の事業上必要のない資産を取得・賃借していないか		☐
金銭の貸借 役職員への貸付金は，契約書を作成し，適正な利息を徴収しているか	☐	
役職員への貸付金は全員に周知され，福利厚生規程等に基づき適正に行われているか	☐	
役員や役員の親族等に対する貸付けは，他の従業員に比し有利な条件となっていないか		☐
役員や役員の親族等からの金銭の貸借に当たって，過大な利息を支払っていないか		☐
職員でない役員の親族等に対して，金銭の貸付けを行っていないか		☐
その他 役員や役員の親族等が，役員等の選任に関して，特別の権限を付与されていないか	☐	☐
役員や役員の親族等（その関連する法人を含む。）と不適正な価額で物品の販売等の契約を行っていないか		☐
役員や役員の親族等が関連する企業等に対し，業務内容に比して過大な委託費が支払われていないか		☐
役員や役員の親族等に対し，その他財産の運用及び事業の運営に関して特別の利益を与えていないか		☐

Q11 「特別の利益」を事前にチェックする方法はないでしょうか？②

　税務調査により非営利性が否認されると，過去の非収益事業課税所得に累積課税されてしまいます。このような大きなリスクを回避したいのですが，法人税基本通達1－1－8は例示列挙なので，他により具体的にチェックする方法は**Q10**の説明以外にないでしょうか？

A

SUMMARY　直接的に規制するものではありませんが，措置法40条通達が参考になります。

　公益法人等に財産を寄附した際に，取得価額と時価との差額についてみなし譲渡所得税が非課税となる措置（措法40）を受けるための条件として，寄附者や役員等並びにその親族関係者に対し，特別の利益を与えないこと，という要件を満たす必要があります。

（Reference）　措置法40条通達19(2)

●措置法40条通達　措令25条の17第5項3号及び6項関係

(特別の利益を与えること)
19(2)　財産の贈与又は遺贈を受けた公益法人等が，贈与等をする者等又はその親族その他特殊の関係がある者に対して，次に掲げるいずれかの行為をし，又は行為をすると認められる場合
　イ　当該公益法人等の所有する財産をこれらの者に居住，担保その他の私事に利用させること。
　ロ　当該公益法人等の他の従業員に比し有利な条件で，これらの者に金銭の貸付けをすること。
　ハ　当該公益法人等の所有する財産をこれらの者に無償又は著しく低い価額の対価で譲渡すること。
　ニ　これらの者から金銭その他の財産を過大な利息又は貸借料で借り受けること。
　ホ　これらの者からその所有する財産を過大な対価で譲り受けること，又はこれらの者から公益目的事業の用に直接供するとは認められない財産を取

　　得すること。
　ヘ　これらの者に対して，当該公益法人等の役員等の地位にあることのみに
　　基づき給与等を支払い，又は当該公益法人等の他の従業員に比し過大な給
　　与等を支払うこと。
　ト　これらの者の債務に関して，保証，弁済，免除又は引受け（当該公益法
　　人等の設立のための財産の提供に伴う債務の引受けを除く。）をすること。
　チ　契約金額が少額なものを除き，入札等公正な方法によらないで，これら
　　の者が行う物品販売，工事請負，役務提供，物品の賃貸その他の事業に係
　　る契約の相手方となること。
　リ　事業の遂行により供与する公益を主として，又は不公正な方法で，これ
　　らの者に与えること。

DETAIL

　直接に規制するものではありませんが，「イ　当該公益法人等の所有する財
産をこれらの者に居住，担保その他の私事に利用させること。」「チ　契約金額
が少額なものを除き，入札等公正な方法によらないで，これらの者が行う物品
販売，工事請負，役務提供，物品の賃貸その他の事業に係る契約の相手方とな
ること。」には留意が必要です。

　『租税特別措置法第40条関係通達逐条解説』（一般財団法人大蔵財務協会）に
は，イについては，「たとえ賃借料払うからといって特定の者の居住用として
私的に使用することは，そもそもその公益法人等の事業運営が特定の者によっ
て支配され，その者の意思に基づいてなされているからこそ可能と言える。」
「適正な賃借料を払っているからと言って是認されるような問題ではない。し
たがって，公益法人等の財産を特定の者に居住用として使用させている場合に
は，その対価の有償，無償を問わず，すべて特別の利益を与えることになるも
のとして取り扱うこととしたものである。」，チについては「財産の贈与等を受
けた公益法人等と贈与等をするものまたは贈与等するもの等が主催する法人と
の間の契約金額が通常の契約金額に比し，有利であるかどうかには関係がない
ことに留意する必要がある。」との解説があります。

　すなわち，措置法40条においては，法人財産を私事に利用させた場合は「適正な賃借料」であっても，入札等の公正な方法によらないで契約の相手方になった場合は「通常の契約金額」であっても，問題になる可能性があります。

　法人税における「例えば，法人が特定の個人に対してその所有する建物を通常よりも低い家賃で貸し付けていたとしても，それが特定の個人に対して給与課税が行われない，あるいは寄附金とされない程度のものであれば，社会通念上不相当なものとは言えず，特別の利益には当たらないこととなる」（「**Q9** 通常よりも低い家賃で貸し付けていた場合は「特別の利益」に該当しますか？」参照）とは相違があるので注意が必要です。

Q12　非営利性が否認された非営利型一般法人

　　当法人は，「非営利性が徹底された法人」としてこれまで法人税の申告を行ってきましたが，このたび税務調査により非営利性が否認され，今後は普通法人として法人税の申告を行うこととなりました。この場合，当事業年度から収益事業課税ではなく全事業課税となるのでしょうか？

A ···

SUMMARY　非営利型一般法人において非営利性が否認された場合には，過去の課税されていない累積所得に対して課税されます。

（**Reference**）　法法64の 4，法令131の 4 ①

DETAIL

　　仮に非営利型一般法人の要件に抵触して普通法人になった場合には，過去の非収益事業から生じた所得の累積額（累積所得金額）について課税されます。

　　累積所得金額の計算は，以下の算式により行われます。

益金に算入すべき額＝資産の帳簿価額^{※1}－負債帳簿価額等^{※2}
　（累積所得金額）

　※ 1　マイナス（累積欠損金額）となる場合には，損金の額に算入されます。
　※ 2　負債帳簿価額等＝負債の帳簿価額＋利益積立金額

■ 累積所得金額のイメージ

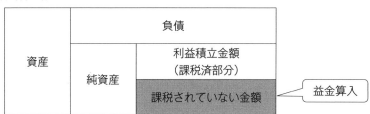

　すなわち，最初から普通法人であった場合と同様の結果となるように，過去に遡って累積で課税されることになります。

　なお，以下に該当する場合は，累積所得金額から一定金額を控除して計算することになります。

■累積所得金額から控除する金額

法人税法上の普通法人になった場合	控除する金額
移行法人である非営利型法人の一般社団法人・一般財団法人（法人税法上の公益法人等）について非営利型法人の要件を満たさなくなり，非営利型法人以外の一般社団法人・一般財団法人（法人税法上の普通法人）になった場合	整備法上，移行法人は，公益目的財産残額だけ公益目的支出を行っていくことになります。 そのため，累積所得課税の計算上，税務上の財産残額である修正公益目的財産残額を控除します（法令131の5①三）。
公益社団法人・公益財団法人（法人税法上の公益法人等）について公益認定が取り消され，非営利型法人以外の一般社団法人・一般財団法人（法人税法上の普通法人）になった場合	認定法上，公益目的取得財産残額を贈与することになります。 そのため，累積所得課税の計算上，公益目的取得財産残額を控除します（法令131の5①一）。

　特別の利益の要件に抵触したことによって，非営利性法人に該当しないことになった普通法人である一般社団法人・一般財団法人は，再び同じ類型の非営利型一般法人に該当することはありません（法基通1－1－9）。理論的には，別の類型の非営利型一般法人には要件を満たせば該当するので，二度と非営利型一般法人になることができないということはないと考えられていますが，将来にわたって同類型の非営利型一般法人になることができなくなりますので，特別の利益の要件の抵触については税務上のリスクが非常に高いといえ，注意が必要です。

●法人税法

> 第64条の4　公益法人等である内国法人が普通法人又は協同組合等に該当することとなつた場合には，その内国法人のその該当することとなつた日（以下この項及び第3項において「移行日」という。）前の収益事業以外の事業から生じた所得の金額の累積額として政令で定めるところにより計算した金額（第3項において「累積所得金額」という。）又は当該移行日前の収益事業以外の事業から生じた欠損金額の累積額として政令で定めるところにより計算した金額（第3項において「累積欠損金額」という。）に相当する金額は，当該内国法人の当該移行日の属する事業年度の所得の金額の計算上，益金の額又は損金の額に算入する。

●法人税法施行令

> （累積所得金額又は累積欠損金額の計算）
> 第131条の4　法第64条の4第1項（公益法人等が普通法人等に移行する場合の所得の金額の計算）に規定する収益事業以外の事業から生じた所得の金額の累積額として政令で定めるところにより計算した金額は，同項の内国法人の同項に規定する移行日（以下この項及び次条第1項において「移行日」という。）における資産の帳簿価額が負債帳簿価額等（負債の帳簿価額及び利益積立金額の合計額をいう。以下この項並びに次条第1項第3号ロ及び第5号ロにおいて同じ。）を超える場合におけるその超える部分の金額（次条第2項において「累積所得金額」という。）とし，法第64条の4第1項に規定する収益事業以外の事業から生じた欠損金額の累積額として政令で定めるところにより計算した金額は，同項の内国法人の移行日における負債帳簿価額等が資産の帳簿価額を超える場合におけるその超える部分の金額（次条第2項及び第3項において「累積欠損金額」という。）とする。

Q13 公益目的支出とは？　公益目的支出計画を作る必要はありますか？

　当法人は，「非営利性が徹底された法人」としてこれまで法人税の申告を行ってきましたが，このたび税務調査により非営利性が否認され，今後は普通法人として法人税の申告を行うこととなりました。課税対象となる累積所得金額から控除される，公益目的支出，公益目的財産残額とは何ですか？　また，公益目的支出計画を作る必要はありますか？

A ···

SUMMARY　累積所得金額から，公益目的支出，公益目的財産残額を控除できるのは移行法人だけです（移行法人とは平成20年12月１日よりも前に設立されていた財団法人・社団法人（特例民法法人）のうち，公益法人に移行せずに，一般法人への移行の登記をした一般法人で，公益目的支出計画の実施について認可行政庁による公益目的支出計画の実施が完了したことの確認を受けるに到っていない法人のことをいいます）。移行法人は公益目的支出計画の実施が完了するまでは，公益目的支出計画を作成する必要があります。まずは，貴法人が移行法人に該当するかをご確認ください。

Reference　整備法117・119，整備法施行規則14，公益認定等ガイドラインⅡ－1

DETAIL

　公益目的支出計画については，次頁の図表をご参照ください。

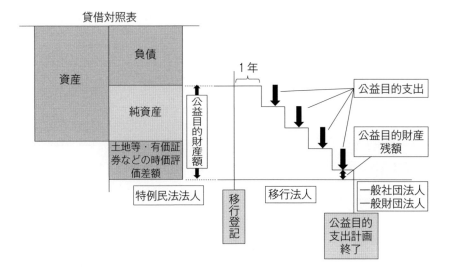

公益目的財産残額については，次の図表をご参照ください。

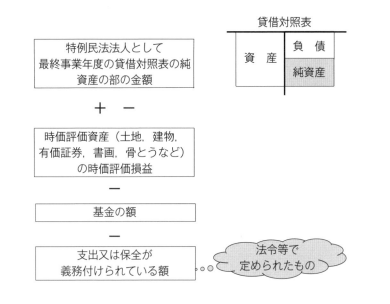

また，公益目的支出は以下の事業の収入をその支出が上回る金額（赤字）の合計額です。

公益目的事業

認定法における公益目的事業と同様の基準を満たす事業をいいます。

特定寄附

認定法5条17号に基づく公益的な各団体等に対する寄附をいいます。

継続事業

特例民法法人が移行前から継続して実施する事業で，不特定多数の者の利益の増進に寄与する目的に関する事業をいいます。
旧主務官庁では公益事業であるとされていても，指導監督基準等に照らし公益事業としてふさわしくないとされた事業については，認められないこともありえることに注意が必要です。

Q14　公益目的取得財産残額とは？

当法人は，公益法人としてこれまで法人税の申告を行ってきましたが，このたび，行政庁の立入検査によって公益認定が取り消され，今後は普通法人として法人税の申告を行うこととなりました。課税対象となる累積所得金額から控除される，公益目的取得財産残額とは何ですか？

A

SUMMARY　累積所得金額から控除される，公益目的取得財産残額とは，公益法人が公益目的事業のために受け取った寄附金，補助金，事業収入等のすべての財産の累積額から，公益目的事業のために使った財産の累積額を差し引いた残りです。公益認定が取り消されなければ，今後も公益に充てるべきだった財産であり，公益認定が取り消された場合は国等に贈与します。国等に贈与した財産を累積所得金額として法人税の課税対象にすると二重課税になるので，控除できます。

Reference　法令131の5①一，認定法30②

DETAIL

公益法人は毎事業年度末に行政庁に公益目的取得財産残額を報告しています。行政庁に提出している「事業報告等に係る提出書類」の別表H（1）の最下段の数値（24欄）がそれに該当します。別表H（1）を見るとその算定過程と考え方がわかります。

…

別表Ｈ（１）　当該事業年度末日における公益目的取得財産残額

記載要領：下表の水色欄（■部分）を記載してください。

事業	自	年	月	日	法人コード	
年度	至	年	月	日	法人名	

　公益目的取得財産残額とは，毎事業年度末における公益目的事業財産の未使用残高です。認定取消時には残高に相当する額の財産を，法で定める適格な法人のうち，定款で定める者に贈与しなければなりません。

　公益目的取得財産残額は，以下の計算により算定します。

> 公益目的増減差額＋公益目的保有財産＝公益目的取得財産残額

　このうち，公益目的増減差額とは，公益に充てられるべき資金（流動資産）であり，以下の計算により算定します。

> 前事業年度末日の公益目的増減差額＋当該事業年度に増加した公益目的事業財産－当該事業年度の公益目的事業費等＝当該事業年度末日の公益目的増減差額

１．公益目的増減差額

当該事業年度末日の公益目的増減差額（2欄＋14欄-20欄）	1	円

前事業年度の末日の公益目的増減差額	2	円

当該事業年度に増加した公益目的事業財産				当該事業年度の公益目的事業費等		
損益計算書（公益目的事業会計）上の数値	寄附を受けた財産の額	3	円	公益目的事業費の額（財産の評価損等の調整後の額）	15	円
	交付を受けた補助金等	4	円	15欄の他，公益目的保有財産に生じた費用及び損失の額	16	円
	公益目的事業に係る対価収入	5	円	15欄，16欄の他，公益目的事業の実施に伴って生じた経常外費用の額	17	円
	収益事業等から生じた利益のうち公益目的事業財産に繰り入れた額	6	円	15欄～17欄の他，他の公益法人の公益目的事業のために寄附した財産の価額	18	円
	社員が支払った経費の額【公益社団法人のみ記載】	7	円			
	公益目的保有財産の運用益等（5欄に算入した額を除く）	8	円			
	公益目的事業に係る引当金の取崩額	9	円			
その他の数値	公益目的保有財産に係る調整額（22欄-21欄）（マイナスの場合は零）	10	円	公益目的保有財産に係る調整額（21欄-22欄）（マイナスの場合は零）	19	円
	合併により承継した他の公益法人の公益目的取得財産残額	11	円			
	認定等の日前に取得した不可欠特定財産の帳簿価額の増加額	12	円			
	3欄～12欄の他，定款等の定めにより公益目的事業財産となった額	13	円			
当該事業年度に増加した公益目的事業財産の合計額（3欄～13欄の合計）		14	円	当該事業年度の公益目的事業費等の合計額（15欄～19欄の合計）	20	円

２．公益目的保有財産

【参考数値】

当該事業年度末日における公益目的保有財産の帳簿価額の合計額（別表C(2)A)	21	円	

前事業年度末日における公益目的保有財産の帳簿価額の合計額	22	円	
うち認定等の日前に取得した不可欠特定財産の帳簿価額の合計額	23	円	

３．公益目的取得財産残額

当該事業年度末日における公益目的取得財産残額（1欄＋21欄）	24	円

Q15　認定NPO法人における特別の利益について教えてください

　当法人はNPO法人でスタートし，認定を受けて認定NPO法人になりました。認定要件における「特別の利益」とは？

A ....

SUMMARY 　認定NPO法人になるには，所轄庁の認定を受ける必要がありますが，認定要件の一つに「役員，社員，職員若しくは寄附者若しくはこれらの者の配偶者若しくは三親等以内の親族又はこれらの者と内閣府令で定める特殊の関係のある者に対し特別の利益を与えないこと」があります。したがって，特別の利益が発生している場合には，改善勧告・命令を受け，認定取消になる可能性があります。

（Reference）　NPO法45条

●特定非営利活動促進法

（認定の基準）
第45条　所轄庁は，前条第1項の認定の申請をした特定非営利活動法人が次の各号に掲げる基準に適合すると認めるときは，同項の認定をするものとする。
　四　その事業活動に関し，次に掲げる基準に適合していること。
　　イ　（省略）
　　ロ　その役員，社員，職員若しくは寄附者若しくはこれらの者の配偶者若しくは三親等以内の親族又はこれらの者と内閣府令で定める特殊の関係のある者に対し特別の利益を与えないことその他の特定の者と特別の関係がないものとして内閣府令で定める基準に適合していること。

　大阪府の公表資料では，NPO法人の認定要件「特別の利益」として以下を例示列挙しています。

①　役員，社員（正会員），職員又は寄附者等（以下「役員等」という。）に特別の利益を与えないこと。

44

- 役員や職員に，役員報酬規程や給与規程に定めのない役員報酬・給与を支払っていないこと。
- 役員や職員に，社会通念に照らして高額な報酬・給与を払っていないこと。
- 役員等に適正な価格よりも安い価格で，NPO法人の資産を譲渡したり・貸し付けたり・役務の 提供をしていないこと。
- 役員等に適正な価格よりも高い価格で，役員等の財産を譲り受けたり・借り受けたり・役務の提供を受けていないこと。

② 営利を目的とした事業を行う者等に寄附を行っていないこと。株式会社の営利活動や宗教団体の宗教活動に対し寄附していないこと。

DETAIL

法人税法上の「特別の利益」の対象は「特定の個人又は団体」と広く設定されていますが，NPO法人はその対象が「役員，社員，職員若しくは寄附者若しくはこれらの者の配偶者若しくは三親等以内の親族又はこれらの者と内閣府令で定める特殊の関係のある者」に限定されています。

第2章

法人形態に関するQ&A

Q16　NPO 法人と非営利型一般法人の違いを教えてください

法人設立にあたり，NPO 法人か非営利型一般法人かを迷っています。
その違いは？

A ....

SUMMARY　最も大きな違いは最高の意思決定機関である社員に関する規制と
考えられます。

Reference　法人法35・90・77・124・68，NPO 法14の 2 ・15・18

DETAIL

　ここでは，社員が存在しない，一般財団法人は比較の対象から外します。

　非営利型一般法人の組織は以下の図を参照してください。

＜非営利型一般法人の組織＞

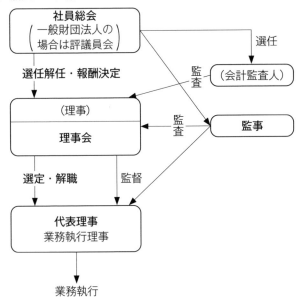

　非営利型一般社団法人と NPO 法人の違いは次の図表をご参照ください。非営利型一般社団法人では社員資格に制限を設けられますが，NPO 法人や公益社団法人では社員資格に制限を設けることができず，仮に制限を設ける場合には，目的に照らして合理的かつ客観的なものでなければなりません。NPO 法人や公益法人では，目的に照らして合理的かつ客観的な理由がない限り，法人は社員の入会申込みを原則断ることができないとされています。

	非営利型一般社団法人	NPO 法人
目的	非営利徹底 or 共益	公益
法律	一般法人法	特定非営利活動促進法
社員の人数	2 名以上	10 名以上
理事の人数	3 名以上	
監事の人数	1 名以上	
法人税	収益事業課税	
消費税	課税対象	
登録免許税	課税対象	非課税
管轄	特になし	都道府県

　また，非営利型一般法人は定款認証，登記のみの数週間で設立が可能ですが，NPO 法人は申請から所轄庁による認証，登記，設立まで 6 ヵ月程度かかる可能性があります。

　さらに，NPO 法人は所轄庁の監督を受け，情報公開が求められるのに対し，非営利型一般社団法人ではこのような制度はありません。

Q17　NPO 法人と認定 NPO 法人の違いを教えてください

　当法人は NPO 法人でスタートしましたが，認定を受けて認定 NPO 法人になるかを迷っています。その違いは？

A ・・

SUMMARY 　認定 NPO 法人制度は，NPO 法人の行う公益的な活動を，一般市民等が寄附を通してより一層支援しやすくすることを目的として設けられた制度です。寄附をした側に対する優遇措置（個人が寄附金控除を受けられる，法人の損金算入限度額が増える，相続財産が非課税になる（特例認定 NPO 法人は適用されません））と，寄附を受けた認定 NPO 法人に対する優遇措置，「みなし寄附金制度」があります。

Reference 　措法41の18の2①・66の11の2②・70⑩・66の11の2①

DETAIL

　認定 NPO 法人とは，NPO 法人のうちその運営組織及び事業活動が適正であって公益の増進に資するものにつき一定の基準（パブリック・サポート・テストを含みます）に適合したものとして，所轄庁の認定を受けた NPO 法人をいいます。

　2012年4月1日からは，都道府県・指定都市が所轄庁として認定事務を行うことになり，さらに「特例認定制度」が創設され，認定 NPO 法人になるための道が増えています。設立後5年以内の NPO 法人については，スタートアップ支援のため要件からパブリック・サポート・テストが免除され，税制上の優遇措置が認められる特例認定を1回に限り受けることができる特例認定 NPO 法人制度が設けられています（次頁の図参照）。

　認定 NPO 法人になると，公益法人と同様に，収益事業から得た利益を非収益事業の支出に充当した部分を寄附金とみなし，一定の範囲で損金算入できるという「みなし寄附金制度」を利用できます。この「みなし寄附金制度」は，

非営利型一般法人や NPO 法人は利用できません。また，公益法人と認定 NPO 法人では計算方法が異なります（「**Q65** みなし寄附金の損金算入限度額」参照）。

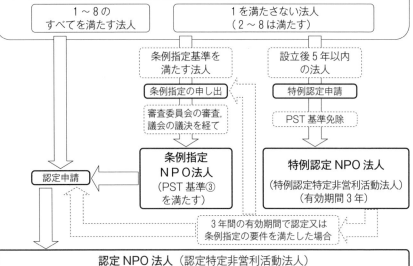

NPO 法人（特定非営利活動法人）

認定の要件

1　パブリック・サポート・テスト（PST）基準
　　①～③のいずれかに適合すること

①相対値基準	②絶対値基準	③条例指定
総収入に占める寄附金の割合が20%以上	年3,000円以上の寄附者が平均100人以上	都道府県又は市区町村の条例指定を受けている

2　事業活動において，共益的な活動の占める割合が50%未満であること
3　運営組織及び経理が適切であること
4　事業活動の内容が適正であること
5　情報公開を適切に行っていること
6　事業報告書等を所轄庁に提出していること
7　法令違反，不正の行為，公益に反する事実等がないこと
8　設立の日から1年を超える期間が経過していること　　など

1～8のすべてを満たす法人

1を満たさない法人（2～8は満たす）

条例指定基準を満たす法人

設立後5年以内の法人

条例指定の申し出

特例認定申請

審査委員会の審査，議会の議決を経て

PST 基準免除

認定申請

条例指定 NPO 法人（PST 基準③を満たす）

特例認定 NPO 法人（特例認定特定非営利活動法人）（有効期間3年）

3年間の有効期間で認定又は条例指定の要件を満たした場合

認定 NPO 法人（認定特定非営利活動法人）（有効期間5年）

Q18　任意団体から引き継いだ資金に課税されますか？

　これまでは法人格を有さずに，地域のお祭りの神輿や山鉾を維持保存
し，お祭りを運営するために，任意団体として活動してきました。これか
らも伝統文化を維持するために世代交代と非営利型一般法人になることを
検討しているのですが，任意団体から資金を引き継いで一般財団法人を設
立した場合に，引き継いだ資金には法人税は課税されるのでしょうか？

A

SUMMARY　任意団体から引き継いだ資金は寄附金になります。寄附金は法人
税法上の収益事業に該当しませんので，非営利型一般法人を設立した場合には，引
き継いだ資金に課税されることはありません（営利型一般法人を設立した場合には
法人税の課税対象になります）。

Reference　国税庁　文書回答事例　一般財団法人が設立時に寄附を受けた場合
　　　　　　の課税関係3(2)ハ

DETAIL

　なお，一般財団法人の場合は，設立時に300万円以上の拠出金が必要です。
そして，設立後も正味財産として300万円以上を維持する必要があります。2
期連続して300万円未満になった場合には，自動的に解散になります。

●法人法

（解散の事由）
第202条　一般財団法人は，次に掲げる事由によって解散する。
2　一般財団法人は，前項各号に掲げる事由のほか，ある事業年度及びその翌
　事業年度に係る貸借対照表上の純資産額がいずれも300万円未満となった場合
　においても，当該翌事業年度に関する定時評議員会の終結の時に解散する。

●国税庁文書回答事例　一般財団法人が設立時に寄附を受けた場合の課税関係3(2)ハ

　普通法人が他の者から資産の贈与を受けたことによる利益，すなわち，受贈益については，上記ロの③「無償による資産の譲受け」に該当し，益金の額に算入することとなりますが，公益法人等が他人から贈与を受けた寄附金収入（金銭以外の現物資産の贈与を受けた場合を含みます。）については，例えば，法人税基本通達15－2－12(2)（補助金等の収入）に定める収益事業に係る収入又は経費を補塡するための補助金等といった例外を除き，収益事業に係る益金の額に該当しないと考えられます。

Q19　任意団体のスポーツクラブが非営利型一般法人になるメリットデメリットは？

　これまでは法人格を有さずに，任意団体として活動してきました。世代交代を考えているのですが，非営利型一般法人になるメリットデメリットは？

A ‥‥‥‥‥‥‥‥‥‥‥‥‥‥‥‥‥‥‥‥‥‥‥‥‥‥‥‥‥‥‥‥‥‥‥‥

SUMMARY ▷

　メリット　　• 任意団体では預貯金が個人帰属だが，法人帰属になる

　　　　　　　• 社会的信用

　デメリット　• 法人設立コスト

　なお，非営利型一般法人の場合は法人税法上の収益事業に課税が発生しますが，任意団体であっても原則として法人税法上の収益事業に課税が発生しますので，メリットにもデメリットにもあたりません。

Reference　法法 3

DETAIL ▷

　任意団体（法人税法上は「人格のない社団」といいます）は権利の主体になれないことが最も重要な違いと思われます。一般的には，すべて代表者個人の名義での契約になり，所有している資産も，代表者個人若しくは全員の共有財産となってしまいます。

　具体的には，代表者が死亡した場合（団体ではなく相続人が所有してしまう），代表者と団体の意見が対立した場合（団体が資産を使用できなくなる）には問題が生じると考えられます。

●法人税法

（人格のない社団等に対するこの法律の適用）
　第 3 条　人格のない社団等は，法人とみなして，この法律の規定を適用する。

Q20 任意団体のスポーツクラブから非営利型一般法人になろうと思いますが，「共益的活動を目的とする法人」か「非営利性が徹底された法人」かどちらがよいでしょうか？

　地域に開かれたスポーツクラブを目指しているのですが，運営は最低限の人数でやらざるを得ない状態です。「共益的活動を目的とする法人」か「非営利性が徹底された法人」かどちらがよいでしょうか？

A ···

SUMMARY　解散時の残余財産を社員総会決議により分配するのであれば「共益的活動を目的とする法人」を，国・地方公共団体や一定の公益的な団体に贈与するのであれば「非営利性が徹底された法人」を選択することが考えられます。

（Reference）　法令3①2・3②5

DETAIL

　300万円以上の財産があれば，一般財団法人を設立することも考えられますが，300万円の財産がないことを前提とてお答えします。

　少なくとも，理事3名が必要となります（「**Q6**　非営利型一般法人の要件④〜理事2名で非営利型一般法人を設立してしまいました」をご参照ください）。そして，一般社団法人の場合は，少なくとも，社員が2名必要なります。

　ここで，だれが社員になるかが論点となります。地域に開かれたスポーツクラブとしてサポーター等を社員にすることが考えられます（いわゆるFCバルセロナのソシオ制度のようなもの）。その社員が，理事の人事権を持つことになりますので，開かれたクラブになる一方で，不特定多数で顔が見えない社員が増えていくとクラブの運営が不安定になる可能性を否めません。

　これらの必要最低限の人数が集まった上で，「共益的活動を目的とする法人」か「非営利性が徹底された法人」を選択する場合，解散時の残余財産を社員に返還するのであれば「共益的活動を目的とする法人」に，他の公益法人等に帰

属される場合には，「非営利性が徹底された法人」を選択することになります。

　近年，「地域×スポーツ産業」として，地域スポーツとトップスポーツで資金と人材が循環することで，地域振興や青少年育成に果たす役割の大きさが注目されています。ベルギーのNPO法人による，地域密着のスクール活動，グッズ販売，スタジアムの飲食店の収益がグローバルにチャレンジする日本人アスリートの背中を押している事例もあります。私自身も10年間ラグビーをしてきましたが，心身ともに鍛えられた青少年アスリートは，現役時代も引退後も，地域はもとより社会全体の財産になりうると思います。

●法人税法施行令

> （非営利型法人の範囲（非営利性が徹底された法人））
> 第3条　法第2条第9号の2イ（定義）に規定する政令で定める法人は，次の各号に掲げる要件の全てに該当する一般社団法人又は一般財団法人とする。
> 　二　その定款に解散したときはその残余財産が国若しくは地方公共団体又は次に掲げる法人に帰属する旨の定めがあること。
> （非営利型法人の範囲（共益的活動を目的とする法人））
> 第3条
> 2　法第2条第9号の2ロに規定する政令で定める法人は，次の各号に掲げる要件の全てに該当する一般社団法人又は一般財団法人とする。
> 　五　その定款に解散したときはその残余財産が特定の個人又は団体（国若しくは地方公共団体，前項第2号イ若しくはロに掲げる法人又はその目的と類似の目的を有する他の一般社団法人若しくは一般財団法人を除く。）に帰属する旨の定めがないこと。

第 3 章

法人税法上の
収益事業について

Q21　法人形態と法人税法上の収益事業の関係について

　公益法人，非営利型一般法人，NPO 法人のそれぞれの事業と課税対象の関係を教えてください。

A ....

SUMMARY　事業と課税対象

	公益目的事業 （公益法人のみ）	公益目的事業以外の事業		法人会計	
		法人税法上の 収益事業以外	法人税法上 の収益事業	法人税法上の 収益事業以外	法人税法上 の収益事業
公益法人	非課税	非課税	課税	非課税	課税
非営利型 一般法人					
NPO 法人					

Reference　法法 4 ①ただし書，法令 5 ②一

DETAIL

　公益法人の公益目的事業として認定されている場合には，法人税法上の収益事業に該当しても，非課税になります。公益法人の公益目的事業以外は，法人税法上の収益事業に該当する場合には，課税対象になります。会計上は法人会計になっていても，法人税法上の収益事業に該当する場合は，課税対象になるので，注意が必要です。

Q22 業種と法人税法上の収益事業の関係について

当法人は公益法人です。今後，公益目的事業の種類を増やす予定です。業種と法人税法上の収益事業の関係は？

A ··

SUMMARY 公益法人の公益目的事業は，法人税法上の収益事業から除かれます。公益目的事業以外の事業及び法人会計は，法人税法施行令5条1項において限定列挙されている34書類の事業（「**Q2** 公益法人等に対する法人税の課税制度」参照）に該当するか否かで判断します。

Reference 法令5①・②一

DETAIL

	公益目的事業（公益法人のみ）	公益目的事業以外の事業・法人会計	
		法人税法上の収益事業以外	法人税法上の収益事業
業界設立団体	右の事業のうち公益性・不特定多数性ある事業	自主研究	受託研究（⑩請負業）
			⑫出版業
		寄附金，賛助会費，補助金	
		対価性が明確でない会費	対価性がある会費
			施設・不動産管理，賃貸（⑤不動産貸付業，⑭席貸業，⑮旅館業）
		22以外の㉚技芸教授業	イベント・講演（⑩請負業，㉖興行業，㉚技芸教授業）
教育振興団体		22以外の㉚技芸教授業	教育・研修・講演（㉚技芸教授業，⑭席貸業）
			資格認定
			⑫出版業
			施設・不動産管理，賃貸（⑤不動産貸付業，⑭席貸業，⑮旅館業）
		22以外の㉚技芸教授業	イベント・講演（⑩請負業，㉖興行業，㉚技芸教授業）

地域振興団体	右の事業のうち公益性・不特定多数性ある事業	寄付金, 賛助会費, 補助金	
			施設・不動産管理, 賃貸（⑤不動産貸付業, ⑭席貸業, ⑮旅館業）
		22以外の㉚技芸教授業	イベント・講演（⑩請負業, ㉖興行業, ㉚技芸教授業）
文化・芸術関連団体		寄附金, 賛助会費, 補助金	
		22以外の㉚技芸教授業	教育・研修・講演（㉚技芸教授業, ⑭席貸業）
			①物品販売業
			⑫出版業
			施設・不動産管理, 賃貸（⑤不動産貸付業, ⑭席貸業, ⑮旅館業）
		22以外の㉚技芸教授業	イベント・講演（⑩請負業, ㉖興行業, ㉚技芸教授業）
			㉛駐車場業
スポーツ振興団体		寄附金, 賛助会費, 補助金	
		22以外の㉚技芸教授業	教育・研修・講演（㉚技芸教授業, ⑭席貸業）
			施設・不動産管理, 賃貸（⑤不動産貸付業, ⑭席貸業, ⑮旅館業）
		22以外の㉚技芸教授業	イベント・講演（⑩請負業, ㉖興行業, ㉚技芸教授業）
			㉛駐車場業
医療関連団体			㉙医療保険業
			①物品販売業
		自主研究	受託研究（⑩請負業）
			⑫出版業
		22以外の㉚技芸教授業	イベント・講演（⑩請負業, ㉖興行業, ㉚技芸教授業）
			㉛駐車場業
指定管理者		実費弁償型	施設・不動産管理, 賃貸（⑤不動産貸付業, ⑭席貸業, ⑮旅館業）
			①物品販売業
		22以外の㉚技芸教授業	教育・研修・講演（㉚技芸教授業, ⑭席貸業）
		22以外の㉚技芸教授業	イベント・講演（⑩請負業, ㉖興行業, ㉚技芸教授業）
			㉛駐車場業
営利法人・オーナー出捐団体		受取配当, 利息, 有価証券売却益	
		寄附金, 賛助会費, 補助金	
			施設・不動産管理, 賃貸（⑤不動産貸付業, ⑭席貸業, ⑮旅館業）
		22以外の㉚技芸教授業	イベント・講演（⑩請負業, ㉖興行業, ㉚技芸教授業）

●**法人税法施行令**

（収益事業の範囲）

第5条

2　次に掲げる事業は，前項に規定する事業に含まれないものとする。

　一　公益社団法人又は公益財団法人が行う前項各号に掲げる事業のうち，公益社団法人及び公益財団法人の認定等に関する法律第2条第4号（定義）に規定する公益目的事業に該当するもの

Q23　収益事業の該当要件①〜その事業が継続して行われているもの(1)

　公益財団法人である当法人は，郷土の伝統芸能を保存する目的で設立された団体で，毎年春と秋の年 2 回それぞれ約10日間にわたり入場料を徴収して伝統芸能を披露しています。この催しは，法人税法上の収益事業である「(26) 興行業」にあたると考えていますが，法人税法上の収益事業は「継続して行われるものであること」がその要件の一つとされています。毎年 2 回行っている短期間だけの催し物が果たして「継続して行われるもの」にあたるのか疑問があります。

　このように，季節的に発生して行われる事業や必ず年ごとに繰り返される事業も，上記の「継続して行われるもの」に含まれるのでしょうか？

A ....

SUMMARY　期間的な継続の他，回数的な継続や性質的な継続も含めて，「継続して行われるもの」を判断する必要性があります。お尋ねの伝統芸能の興行は，その事業の遂行に相当期間を要し，毎年一定の時期に継続して行われるものであるので，法人税法上の収益事業に該当すると考えられます。

Reference　法法 2 十三，法基通15- 1 - 5

DETAIL

　「継続して行われるもの」とは，各事業年度の全期間を通じて継続して行うものをいい，更に以下のようなものも含まれます（法基通15- 1 - 5 ）。

　①　例えば土地の造成及び分譲，全集又は辞典の出版等のように，通常一の事業計画に基づく事業の遂行に相当期間を要するもの（販売期間はごく短期間でも，その準備期間が相当長期にわたるもの）

　②　例えば海水浴場における席貸し等のように，毎年一定の時期に相当期間にわたって（例えば，一定の季節中）継続して行われるもの

③　例えば縁日における物品販売のように，定期的に又は不定期に反復して
　行われるもの

　法人税法上の収益事業は「継続して行われるものであること」がその要件の
一つとされていますが，これは，継続事業から生ずる所得であるいわゆる「事
業所得」について課税するという趣旨のものであり，この「継続して行われ
る」か否かの判断については，各事業年度全期間を通じて継続的に事業活動が
行われていることがこれに該当することはいうまでもありませんが，あらゆる
事業が常に同一のサイクルを持って行われるわけではないでしょうから，たと
え事業年度の全期間を通じて事業活動が行われない場合であっても，その事業
の性質上，全体として継続性があると認められるときは「継続して行われるも
の」に該当することになります。

　お尋ねの伝統芸能を年2回約10日間の短期間だけ催す興行や，演劇会，音楽
会，博覧会，サーカス等であっても，その開催に至るまでの準備や広告宣伝な
ど，その事業年度の遂行に要する期間が全体として相当長期にわたる場合には，
「継続して行われるもの」に該当すると解されます。さらに，毎年繰り返し開
催されるということですので，この点においても「継続して行われるもの」に
該当すると解されます。

　なお，この「継続して行われるもの」か否かの判断基準には，期間的な継続
の他，回数的な継続と性質的な継続があるということになりますので，季節ご
とや年ごとに行われるものは当然に継続性があるということになりますが，完
全に一発勝負的に行われる単発的な事業は継続性には疑問が持たれるというこ
とになります。しかし，例えば3年に1回程度行われるイベントであっても，
次図のようにその間の準備行為やその事業内容，性質から判断すると，継続性
があると判断されるケースもあり得ると考えられます。

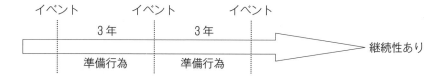

●**法人税法 2 条13号**

（定義）

十三　収益事業　販売業，製造業その他の政令で定める事業で，継続して事業
　　場を設けて行われるものをいう。

●**法人税基本通達**

（継続して行われるもの）

15－1－5　法第 2 条第13号《収益事業の意義》の「継続して……行われるも
　の」には，各事業年度の全期間を通じて継続して事業活動を行うもののほか，
　次のようなものが含まれることに留意する。
　⑴　例えば土地の造成及び分譲，全集又は事典の出版等のように，通常一の
　　事業計画に基づく事業の遂行に相当期間を要するもの
　⑵　例えば海水浴場における席貸し等又は縁日における物品販売のように，
　　通常相当期間にわたって継続して行われるもの又は定期的に，若しくは不
　　定期に反復して行われるもの

Q24　収益事業の該当要件②～その事業が継続して行われているもの(2)

公益社団法人である当法人では，会員相互の親睦を図る趣旨から会員及びその家族等を対象に毎年秋に運動会を開催しており，その運動会で仮設の屋台を開いて運動会の参加者に実費程度の安い値段で飲食物を提供することとしています。

この場合でも，法人税法上の収益事業である「(16)料理店業その他の飲食店業」に該当し，法人税が課せられるのでしょうか？

A ....

SUMMARY 　飲食物の提供を主たる目的とする事業である以上，「(16)料理店業その他の飲食店業」には該当しますが，お尋ねの場合は収益事業の要件の一つである「継続性」がないと考えられますので，法人税は課されません。

Reference 　法基通15－1－5(2)

DETAIL

　法人税法上の収益事業の一つである「(16)料理店業その他の飲食店業」とは，不特定又は多数の者を対象として飲食の提供に適する場所において飲食物の提供を行う事業をいいますから，たとえ仮設の屋台や茶店において行う飲食物の提供であっても，それが継続的に行われるものであれば収益事業に該当することとなります。

　お尋ねの場合は，仮設の屋台を開いて運動会の参加者に飲食物を提供する行為が「飲食店業」に該当することは疑いのないところですが，秋の運動会という年に1回しかも1日だけ屋台や茶店を開設し飲食物を提供するという行為は，法人税法上の収益事業となる要件の一つである「継続して行われるもの」という要件には該当しないと考えられますので，当該行為には法人税は課されないこととなります。この点，海水浴場における海の家のように夏季の相当期間にわたって継続して行われるものとはおのずと異なります（法基通15－1－5

(2))。

　なお，継続性がある場合であっても，会員等を対象として実費で賄う程度の安い値段で飲食物の提供を行うものまでもすべて収益事業とするというのは，収益事業課税の本質に照らして，疑問が持たれるところです。このように，会員等を対象にあらかじめ利益が生じないように料金を定めて行ういわゆる実費弁償的な事業については，所轄の税務署又は国税局と事前に協議するのも一法と思われます。

Q25 収益事業の該当要件③〜その事業が事業場を設けて行われるもの

　非営利型一般法人である当法人は，移動販売車で物品販売を行っております。この事業は，法人税法上の収益事業である「(1)物品販売業」にあたると考えていますが，法人税法上の収益事業は「事業場を設けて行われるもの」がその要件の一つとされています。「事業場を設けて行われるもの」に含まれるのでしょうか？

A ....

SUMMARY 　移動販売，移動演劇興行等のようにその事業活動を行う場所が転々と移動するものであっても，「事業場を設けて行われるもの」に該当します。移動販売車で物品販売も，法人税法上の収益事業に該当すると考えられます。

(Reference)　法法2十三，法基通15-1-4

DETAIL

　「事業場を設けて行われるもの」とは，常時店舗，事務所等事業活動の拠点となる一定の場所を設けてその事業を行うもののほか，例えば，移動販売のように必要に応じて随時その事業活動のための場所を設け，又は既存の施設を利用してその事業活動を行うものが含まれます。特に物質的な施設がなくても，収益事業が行われていればそこに事業の拠点があると考えられます。

●法人税基本通達

（事業場を設けて行われるもの）

15-1-4　法第2条第13号《収益事業の意義》の「事業場を設けて行われるもの」には，常時店舗，事務所等事業活動の拠点となる一定の場所を設けてその事業を行うもののほか，必要に応じて随時その事業活動のための場所を設け，又は既存の施設を利用してその事業活動を行うものが含まれる。したがって，移動販売，移動演劇興行等のようにその事業活動を行う場所が転々と移動するものであっても，「事業場を設けて行われるもの」に該当する。

Q26　収益事業の判定①〜寄附金収入は収益事業に係る益金になりますか？

　当財団は設立時に収益事業を行うための寄附を受けていますが，この寄附金収入は収益事業に係る益金になりますか？

A ··

SUMMARY　公益法人等が他人から贈与を受けた寄附金収入については，収益事業の係る収入又は経費を補塡するための補助金等といった例外を除き，収益事業に係る益金の額には該当しません。

Reference　法基通15-2-12，国税庁　文書回答事例　一般財団法人が設立時に寄附を受けた場合の課税関係3(2)ハ

DETAIL

　このような寄附金は実質的な元入金のようなものであるから，資本取引について課税しないということと同様に考えられます。

　また，公益法人等が固定資産の取得等に充てるために補助金等の交付を受ける場合に，その固定資産等が収益事業の用に供されるものであったとしても，その補助金等の額は収益事業に係る益金の額に算入しないこととされています（法基通15-2-12(1)）。一般の法人の場合でも，払い込まれた資本金によって購入した固定資産については，取得価額を基礎として償却を認めるので，公益法人等においても同様に考えられます。

　ただし，例外的に，収益事業に係る収入又は経費を補塡するために交付を受ける補助金等のように，役務提供等を受ける者から得る対価と経済的に同じ性質を有しているものは，収益事業に係る益金の額に該当するので注意が必要です。（法基通15-2-12(2)）。例えば，直接の相手方からは半額料金をもらい，不足分は他から補助金などという形で補塡を受けるとすれば，それはそれとして十分事業として成り立つわけなので，この場合の相手方から収入する料金と

その不足分の補塡のために第三者から受け取る補助金などとは，経済的に同じ性質のものということができます。

●国税庁　文書回答事例　一般財団法人が設立時に寄附を受けた場合の課税関係3(2)ハ

公益法人等が他人から贈与を受けた寄附金収入（金銭以外の現物資産の贈与を受けた場合を含みます。）については，例えば，法人税基本通達15－2－12(2)（補助金等の収入）に定める収益事業に係る収入又は経費を補塡するための補助金等といった例外を除き，収益事業に係る益金の額に該当しないと考えられます。また，公益法人等が固定資産の取得等に充てるために補助金等の交付を受ける場合に，その固定資産等が収益事業の用に供されるものであったとしても，その補助金等の額は収益事業に係る益金の額に算入しないこととされています（法基通15－2－12(1)）。

●法人税基本通達

（補助金等の収入）
15－2－12　収益事業を行う公益法人等又は人格のない社団等が国，地方公共団体等から交付を受ける補助金，助成金等（資産の譲渡又は役務の提供の対価としての実質を有するものを除く。以下15－2－12において「補助金等」という。）の額の取扱いについては，次の区分に応じ，それぞれ次による。
(1)　固定資産の取得又は改良に充てるために交付を受ける補助金等の額は，たとえ当該固定資産が収益事業の用に供されるものである場合であっても，収益事業に係る益金の額に算入しない。
(2)　収益事業に係る収入又は経費を補塡するために交付を受ける補助金等の額は，収益事業に係る益金の額に算入する。

Q27 収益事業の判定②～美術館の物品販売（(1)物品販売業）

　当法人は美術館を運営する公益法人です。法人税法上の収益事業にあた
る物品販売は法人税の対象になるのでしょうか？

A ⋯⋯⋯⋯⋯⋯⋯⋯⋯⋯⋯⋯⋯⋯⋯⋯⋯⋯⋯⋯

SUMMARY 　法人税法上で収益事業であっても，認定法に基づき，公益認定等
委員会で公益目的事業と認定されることもあります。税法上の判定と認定法上の判
定は別物です。認定法において公益目的事業と認定された場合には，税法上も公益
目的事業として収益事業からは除外されます。

Reference 　法令5②一

DETAIL

　物品販売は，その事業だけを見ると公益目的事業として説明は難しいですが，
公益法人の公益目的事業の付随事業として説明をし，他の事業とグルーピング
することで事業単位として公益性を説明することで，公益目的事業として認定
されている事例があります。

　特に博物館や美術館で，展示物を理解，鑑賞するために必要な図録の出版，
販売に関する事業は公益目的事業の付随事業として説明ができると思います。
また，美術や芸術の普及啓発のための物品販売は公益目的事業の付随事業とし
て説明できると思います。利用者の利便性や，公益目的事業の利用者がもっぱ
ら使用していることを説明できれば，博物館や美術館に併設する駐車場やレス
トランも公益目的事業の付随事業として説明できる可能性があります。

●**法人税法施行令**

（収益事業の範囲）

第5条

2　次に掲げる事業は，前項に規定する事業に含まれないものとする。

　一　公益社団法人又は公益財団法人が行う前項各号に掲げる事業のうち，公益社団法人及び公益財団法人の認定等に関する法律第2条第4号（定義）に規定する公益目的事業に該当するもの

Q28　収益事業の判定③〜会員に対する有償の物品頒布は収益事業に該当しますか？（(1)物品販売業）

当法人は公益法人です。会員に対して，会費を徴収する目的で会員が事務に用いる統一様式の用紙類を高額で販売しています。法人税法上の収益事業に該当するのでしょうか？

A ．．

SUMMARY　公益法人等がその会員等に対して有償で物品の頒布を行っている場合でも，その物品の頒布がその物品の用途，価額等からみて，専ら会員等からその事業規模等に応じて会費を徴収する手段として行われているときは法人税法上の収益事業に該当しません。

Reference　法基通15-1-9（注）3

●法人税基本通達

（物品販売業の範囲）

15-1-9

（注）

3　公益法人等がその会員等に対して有償で物品の頒布を行っている場合であっても，当該物品の頒布が当該物品の用途，頒布価額等からみて専ら会員等からその事業規模等に応じて会費を徴収する手段として行われているものであると認められるときは，当該物品の頒布は，物品販売業に該当しない。

Q29　収益事業の判定④～居住用家屋の敷地の低廉な貸付けは，収益事業に該当しますか？（⑸不動産貸付業）

　当法人は保有している不動産を，学生の居住用家屋の敷地として低廉な地代で貸し付けています。地代は固定資産税と都市計画税の合計の２倍で，敷地面積は家屋の床面積の８倍です。また，家屋の床面積のすべてを居住用に使用しています。法人税法上の収益事業に該当するのでしょうか？

A

SUMMARY　居住用家屋の敷地の貸付けで，地代が固定資産税と都市計画税の合計の３倍以下であり（特別に減免されている場合は減免がされなかったとして計算），家屋の床面積の２分の１以上が居住の用に供され，敷地面積が家屋の床面積の10倍以下であれば，法人税法上の収益事業に該当しません。したがって，ご質問の不動産貸付は法人税法上の収益事業に該当しません。

　その趣旨は，主として低所得者層に対する公益性に着目して設けられたものです。であるがゆえに，家屋の床面積の10倍を超えるような広大な土地を貸し付ける場合，例えば，土地の大部分が不要不急の庭園などとして使用される場合には，非課税規定は適用されずに課税の対象になります。

　なお，地代は経常的に収受するものを，固定資産税と都市計画税が特別に減免されている場合には減免前の税額を判定の対象とします。

（Reference）　法令５①，法規４，法基通15-1-20・15-1-21

●**法人税法施行令５条１項**

（収益事業の範囲）
五　不動産貸付業のうち次に掲げるもの以外のもの
　ヘ　主として住宅の用に供される土地の貸付業で，その貸付けの対価の額が低廉であることその他の財務省令で定める要件を満たすもの

●**法人税法施行規則**

（住宅用土地の貸付業で収益事業に該当しないものの要件）

第4条　令第5条第1項第5号ヘ（不動産貸付業）に規定する財務省令で定める要件は，同号ヘに規定する貸付業の貸付けの対価の額のうち，当該事業年度の貸付期間に係る収入金額の合計額が，当該貸付けに係る土地に課される固定資産税額及び都市計画税額で当該貸付期間に係るものの合計額に3を乗じて計算した金額以下であることとする。

●**法人税基本通達**

（非課税とされる住宅用地の貸付け）

15−1−20　令第5条第1項第5号ヘ《非課税とされる住宅用地の貸付業》に規定する「主として住宅の用に供される土地」とは，その床面積の2分の1以上が居住の用（貸家住宅の用を含み，別荘の用を除く。）に供される家屋の敷地として使用されている土地のうちその面積が当該家屋の床面積の10倍に相当する面積以下であるものをいう。

（低廉貸付けの判定）

15−1−21　公益法人等が行う土地の貸付けが規則第4条《非課税とされる住宅用地の貸付けの要件》の要件に該当するかどうかについては，次のことは次による。

(1)　土地の貸付けが同条の要件に該当するかどうかは，それぞれの貸付けごとに判定する。

(2)　同条に規定する貸付期間に係る収入金額は，当該期間につき経常的に収受する地代の額によるものとし，契約の締結，更新又は更改に伴って収受する権利金その他の一時金の額はこれに含めないものとする。

(3)　同条に規定する固定資産税及び都市計画税の額は，当該土地に係る固定資産税又は都市計画税が特別に減免されている場合であっても，その減免がされなかったとした場合におけるこれらの税額による。

DETAIL

　なお，「特定の個人又は団体に対し，その所有する土地，建物その他の資産を無償又は通常よりも低い賃貸料で貸し付けている」場合には，法人税法上の

「特別の利益」に該当し，累積所得に対して課税が発生する可能性があるので注意が必要です（「**Q9** 通常よりも低い家賃で貸し付けていた場合は「特別の利益」に該当しますか？」参照）。

「特別の利益」問題が発生するのは「特定の個人又は団体に」対する，社会通念上不相当なものの場合です。この非課税規定は低所得者層に対する公益性に着目して設けられたものと考えられますので，例えば，特定の学生ではなく，不特定多数の学生を対象にする，若しくは，不特定多数の学生のその機会が開かれているのであれば，「特別の利益」に該当しないと考えられます。最近では非営利型一般社団法人の会員に対する少額の共済掛金肩代わり負担，敬老祝い金の交付等が「特別の利益」と否認された判例があります。この事例では金額の多寡よりも経済的利益を受けた者が開かれた不特定多数ではなく，一般社団法人の社員であったことが判決に影響を与えたのだと思われますので，留意が必要です。また，この事例では法人税法上の⑽請負業を収益事業課税の申告対象から外してしまっていたことが税務調査のきっかけだったと思われますので，⑽請負業の収益事業判定にも留意が必要です。

● **法人税基本通達**

（非営利法人における特別の利益の意義）

１－１－８　令第３条第１項第３号及び第２項第６号《非営利型法人の範囲》に規定する「特別の利益を与えること」とは，例えば，次に掲げるような経済的利益の供与又は金銭その他の資産の交付で，社会通念上不相当なものをいう。

　⑴　法人が，特定の個人又は団体に対し，その所有する土地，建物その他の資産を無償又は通常よりも低い賃貸料で貸し付けていること。

Q30　収益事業の判定⑤～生活困窮者に対する低廉な不動産貸付をしていますが，寄附金課税の可能性はありますか？

　当法人は公益社団法人ですが，事業の一環として生活困窮者に対する低廉な不動産貸付を行っています。公益法人等が時価よりも低い対価で資産を譲渡したりするいわゆる低廉譲渡等であっても，その低廉譲渡等が，その公益法人等の本来の目的の範囲内で行われるものであれば，その行為については寄附金課税は行われないとされているそうですが，この「本来の目的たる事業の範囲内」であるかどうかは，具体的にどのように判断すればよいでしょうか？

A ···

SUMMARY　公益法人等の場合，低廉譲渡による寄附金課税が行われるケースは非常に少ないと考えられます。

(Reference)　法法37⑧，法基通15-2-9

DETAIL

　法人が時価よりも低い対価で資産を譲渡し，又は経済的な利益を供与した場合には，その時価と実際に収受した対価との差額を寄附金とみなして寄附金の損金算入限度額の計算を行うこととされています（法法37⑧）。これは，いわゆる低廉譲渡や金銭の無利息貸付などについては，寄附金とみなして課税所得の計算を行う趣旨であるといえます。

　上記に対し，法人税基本通達15-2-9において，公益法人等が通常の対価の額に満たない対価による資産の譲渡又は役務の提供を行った場合においても，その資産の譲渡等が当該公益法人等の本来の目的たる事業の範囲内で行われるものである限り，その資産の譲渡等については法人税法37条8項の規定の適用はないものとする旨規定されています。

　これは，もともと公益法人等は利益の獲得ではなく公益に資することを目的

とするものですから，その本来の目的に従って資産を無償ないし低い対価で譲渡したり，無利息ないし低金利で資金の貸付けを行うようなことが通常の行為として行われますが，このような本来の目的の通常の行為についてまで上記低廉譲渡等の規定を適用することを税法が予定しているとは考えられませんので，法人税基本通達15－2－9において，このような公益法人等が行う低廉譲渡等については法人税法37条8項の規定の適用がない旨を明らかにしたものであるといえます。

　ご質問の「本来の目的たる事業の範囲内」については，特別に具体的な判断基準が存在するわけではありませんが，例えば，生活困窮者に対する低廉貸付や生活物資の無料配布，奨学生に対する奨学金の給付や無利息貸付，授産場における無料職業訓練や公益目的のための施設の無料提供など様々なケースがあると考えられます。要するに，公益法人等の行う行為が公益目的で行われ一種の租税回避行為であると判断されない限り，低廉譲渡等による寄附金課税が行われるケースはほとんどないと考えてよいでしょう。

　ただし，例えば，公益法人等が不特定又は多数の者を対象として収益事業として行う「(5)不動産貸付業」や「(1)物品販売業」などのかたわら，特殊関係者等に対して意図的に低廉貸付や低廉譲渡を行うような場合には，それが公益目的に適合するものであることの合理的な理由がないと，低廉譲渡等による寄附金課税が行われる可能性があります。例えば，生活困窮者の支援を目的とする法人が，理事長が経営するレストランに低廉な貸付けをしている場合が考えられます（このレストランへの低廉貸付のケースでは，法人税法上の「特別の利益」に該当し，累積所得に対する課税の可能性があるので，注意が必要です）。

●法人税法37条

（寄附金の損金不算入）

7　前各項に規定する寄附金の額は，寄附金，拠出金，見舞金その他いずれの名義をもつてするかを問わず，内国法人が金銭その他の資産又は経済的な利益の贈与又は無償の供与（広告宣伝及び見本品の費用その他これらに類する費用並びに交際費，接待費及び福利厚生費とされるべきものを除く。次項において同じ。）をした場合における当該金銭の額若しくは金銭以外の資産のその贈与の時における価額又は当該経済的な利益のその供与の時における価額によるものとする。

8　内国法人が資産の譲渡又は経済的な利益の供与をした場合において，その譲渡又は供与の対価の額が当該資産のその譲渡の時における価額又は当該経済的な利益のその供与の時における価額に比して低いときは，当該対価の額と当該価額との差額のうち実質的に贈与又は無償の供与をしたと認められる金額は，前項の寄附金の額に含まれるものとする。

●法人税基本通達

（低廉譲渡等）

15−2−9　公益法人等又は人格のない社団等が通常の対価の額に満たない対価による資産の譲渡又は役務の提供を行った場合においても，その資産の譲渡等が当該公益法人等又は人格のない社団等の本来の目的たる事業の範囲内で行われるものである限り，その資産の譲渡等については法第37条第8項《低廉譲渡等》の規定の適用はないものとする。

Q31　収益事業の判定⑥～請負業とは？　(⑽請負業)

　請負業は範囲が広いので，どこまでが法人税法上の収益事業に該当するかがわかりません。

A ……………………………………………………………………………………

SUMMARY　法人税法施行令5条10号において，⑽請負業の範囲に「事務処理の委託を受ける業を含む」を加えていることから，その範囲はきわめて広く考えられています。具体的には，他の者の委託に基づいて行う調査，研究，情報の収集及び提供，手形交換，為替業務，検査，検定等の事業（法基通15－1－27）や，不動産情報，科学技術情報，経済情報，気象情報その他の情報収集及び提供を行う事業も，法人税法上の収益事業に該当すると考えられています。

　一方で，法人税法上の収益事業とされている34事業のうち⑽請負業以外の事業に該当又は一体不可分な事業は，改めて⑽請負業として課税対象にならないように，収益事業の範囲を限定しています（法基通15－1－29）。これは，法人税法上の収益事業とされている34事業には請負業的な性格が混入している事業が多くあるからです（⑻運送業，⑼倉庫業，⒀写真業，⒄周旋業，⒅代理業，⒆仲立業，㉔理容業，㉕美容業，㉚技芸教授業）。例えば，㉚技芸教授業は22種類の事業に限定されていますので，22種類以外の技芸教授業は，㉚技芸教授業にも⑽請負業にも該当しません。⑽請負業の判定を正確にするためには，⑽請負業以外の33事業の範囲を理解し，俯瞰して判定する必要があります。

Reference　法令5十，法基通15-1-27・15-1-29

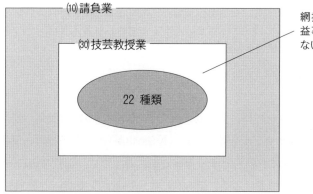

●**法人税法施行令5条1項**

（収益事業の範囲）
十　請負業（事務処理の委託を受ける業を含む。）のうち次に掲げるもの以外の
　　もの
　　イ～ニ　省略

●**法人税基本通達**

（実費弁償による事務処理の受託等）
15－1－27　令第5条第1項第10号《請負業》の請負業には，事務処理の委託
　　を受ける業が含まれるから，他の者の委託に基づいて行う調査，研究，情報
　　の収集及び提供，手形交換，為替業務，検査，検定等の事業（国等からの委
　　託に基づいて行うこれらの事業を含み，同号イからニまでに掲げるものを除
　　く。）は請負業に該当するが，農産物等の原産地証明書の交付等単に知ってい
　　る事実を証明するだけの行為はこれに含まれない。

（請負業と他の特掲事業との関係）
15－1－29　公益法人等の行う事業が請負又は事務処理の受託としての性質を
　　有するものである場合においても，その事業がその性格からみて令第5条第
　　1項各号《収益事業の範囲》に掲げる事業のうち同項第10号以外の号に掲げ
　　るもの（以下15－1－29において「他の特掲事業」という。）に該当するかど

82

うかにより収益事業の判定をなすべきものであるとき又は他の特掲事業と一体不可分のものとして課税すべきものであると認められるときは，その事業は，同項第10号《請負業》の請負業には該当しないものとする。

DETAIL

(10)請負業の範囲については，成果物に対して報酬を得る請負契約（民法632条）に基づく事業だけでなく，委任契約（民法643条），準委任契約（民法656条）に基づく事業も含まれる，とする考え方がある一方で，請負契約に基づく事業と事務処理の委託を受ける業に限られ拡大解釈すべきでない，とする考え方があります。後者の考え方は，サービスを提供するすべての活動が請負業となれば，34業種を限定列挙した意味がなくなってしまい，租税法律主義の意義である，納税者保護や予見可能性について問題が生じる，がその趣旨です。

●民法

（請負）

第632条　請負は，当事者の一方がある仕事を完成することを約し，相手方がその仕事の結果に対してその報酬を支払うことを約することによって，その効力を生ずる。

（委任）

第643条　委任は，当事者の一方が法律行為をすることを相手方に委託し，相手方がこれを承諾することによって，その効力を生ずる。

（準委任）

第656条　この節の規定は，法律行為でない事務の委託について準用する。

Q32　収益事業の判定⑦～受託事業は収益事業に該当しますか？ (⑩請負業)

当法人は受託事業を行う非営利型一般法人です。すべての受託事業が法人税法上の収益事業に該当しますか？

A ···

SUMMARY　受託業務は，他の者の委託に基づいて行う調査，研究，情報の収集及び提供（法基通15－1－27）として，原則として法人税法施行令が掲げる34の収益事業のうち⑩請負業に該当します。

Reference　法規 4 の 3 ，法基通15-1-27，15-1-28

●法人税基本通達

（実費弁償による事務処理の受託等）

15－1－27　令第 5 条第 1 項第10号《請負業》の請負業には，事務処理の委託を受ける業が含まれるから，他の者の委託に基づいて行う調査，研究，情報の収集及び提供，手形交換，為替業務，検査，検定等の事業（国等からの委託に基づいて行うこれらの事業を含み，同号イからニまでに掲げるものを除く。）は請負業に該当するが，農産物等の原産地証明書の交付等単に知っている事実を証明するだけの行為はこれに含まれない。

DETAIL

ただし，実費弁償による受託については以下の 2 つの例外規定があります。

≪例外～収益事業から除かれる場合≫

① 法令の規定によるもの

法令の規定に基づき国又は地方公共団体の事務を委託された公益法人等の行うその委託に係るもので，以下の要件を満たす受託業務は，法人税法上の収益事業から除かれます。

■**収益事業から除かれる要件（法規4の3）**

1	その委託の対価がその事務処理のために必要な費用を超えないことが法令の規定により明らかなこと。
2	その委託の対価がその事務処理のために必要な費用を超えるに至った場合には，法令の規定により，その超える金額を委託者又はそれに代わるべき者として主務大臣の指定する者に支出することとされているもの。
3	その委託が法令の規定に従って行われているもの。

② 税務署長の確認によるもの

　公益法人等が，事務処理の受託の性質を有する業務を行う場合においても，当該業務が法令の規定，行政官庁の指導又は当該業務に関する規則，規約若しくは契約に基づき実費弁償により行われるものであり，かつ，そのことにつきあらかじめ一定の期間を限って当該公益法人等の納税地の所轄税務署長（国税局の調査課所管法人にあっては，所轄国税局長）の確認を受けたときは，その確認を受けた期間については，当該業務については，その委託者の計算に係るものとして当該公益法人等の収益事業としないものとされます（法基通15－1－28）。

　ここで実費弁償とは，その委託により委託者から受ける金額が当該業務のために必要な費用の額を超えないことをいいます。当該費用の中には，直接要する経費の他に，その受託に係る業務の用に供される固定資産の減価償却費，修繕費，租税公課，人件費のうち当該業務に係るものなどの間接的な経費もここでいう実費の範囲に含まれると解されています。

　また，一定の期間とは，おおむね5年以内の期間とされています。5年を超えて収益事業から除外しようとする場合は確認期間が終了するまでに再度確認手続を行う必要があることに注意が必要です。

　次の図表は，受託事業の法人税法上の収益事業の判定についてまとめたものです。

■ **受託事業と法人税法上の収益事業の判定**

法人類型	区分		原則	例外
公益法人	公益目的事業		【非収益事業】 公益法人等の公益目的事業は，たとえ請負業に該当しても収益事業から除かれます。	【非収益事業】
	収益事業等	収益事業	【収益事業】	
		共益事業		
非営利型法人の一般法人（移行法人）	実施事業	公益目的事業	【収益事業】 たとえ公益目的事業であっても収益事業となります。	
		継続事業		
	その他事業		【収益事業】	

　基本的には，受託事業が法人税法上の収益事業となる(10)請負業に該当するか否かで収益事業か否かを判定しますが，仮に(10)請負業に該当する場合であっても，公益法人が行う公益目的事業に含まれている場合は，収益事業から除かれます。

● **法人税基本通達**

（実費弁償による事務処理の受託等）

15－1－28　公益法人等が，事務処理の受託の性質を有する業務を行う場合においても，当該業務が法令の規定，行政官庁の指導又は当該業務に関する規則，規約若しくは契約に基づき実費弁償（その委託により委託者から受ける金額が当該業務のために必要な費用の額を超えないことをいう。）により行われるものであり，かつ，そのことにつきあらかじめ一定の期間（おおむね5年以内の期間とする。）を限って所轄税務署長（国税局の調査課所管法人にあっては，所轄国税局長。以下15－1－53において同じ。）の確認を受けたときは，その確認を受けた期間については，当該業務は，その委託者の計算に係るものとして当該公益法人等の収益事業としないものとする。

（注）　非営利型法人が1－1－11の確認を受けている場合には，本文の確認を受けたものとみなす。

■**法人税基本通達15－1－28(注) について**

　非営利型一般法人のうち,「共益的活動を目的とする法人」の要件の一つとして「主たる事業として収益事業を行っていないこと」があります（「**Q3**　非営利型一般法人の要件①」参照）。法人税基本通達1－1－11《収益事業を行っていないことの判定》では,この要件を判定するにあたって,実費弁償方式の税務署長の確認を受けた業務は収益事業に当たらないものとして取り扱うことを明らかにしています。

　逆に,法人税基本通達15－1－28（注）では,「主たる事業として収益事業を行っていないこと」の確認を受けて非営利型一般法人に該当すると判定された場合には,実費弁償方式の税務署長の確認を受けたものとして取り扱うことが明らかにされています。

●**法人税基本通達**

（収益事業を行っていないことの判定）

1－1－11　一般社団法人又は一般財団法人（公益社団法人又は公益財団法人を除く。以下1－1－11において「一般社団法人等」という。）が,事務処理の受託の性質を有する業務を行う場合において,当該業務が法令の規定,行政官庁の指導又は当該業務に関する規則,規約若しくは契約に基づき実費弁償（その委託により委託者から受ける金額が当該業務のために必要な費用の額を超えないことをいう。）により行われるものであり,かつ,そのことにつきあらかじめ一定の期間（おおむね5年以内の期間とする。）を限って所轄税務署長（国税局の調査課所管法人にあっては,所轄国税局長）の確認を受けたときは,その確認を受けた期間については,当該業務は,その委託者の計算に係るものとし,当該一般社団法人等の収益事業としないものとして令第3条第2項第3号《非営利型法人の範囲》の要件に該当するかどうかの判定を行うこととする。

Q33　収益事業の判定⑧～調査研究事業は収益事業に該当しますか？
（⑽請負業）

　当法人は調査研究事業を行う非営利型一般法人です。すべての調査研究事業が法人税法上の収益事業に該当しますか？

A ···

SUMMARY　公益法人等が行う調査研究事業については，収入がない調査研究（自主財源による研究）と，収入がある調査研究（寄附金・負担金・補助金・助成金・受託研究）とに分けて検討します。

　まず，収入がない調査研究ですが，自主的に行っている調査研究であるため，法人税法上の収益事業には該当しません。

　次に収入のある調査研究のうち，寄附金収入・負担金収入・補助金収入・助成金収入等，対価性のない収入を財源として実施している調査研究は，収益事業に係る収入又は経費を補塡するために交付を受ける収入に該当しない限り，法人税法上の収益事業には該当しません（法基通15－2－12(2)）。

　受託研究については，法人税法上の収益事業に該当するか否かを検討することになります。実費弁償の例外規定に該当しない限りは，原則的には，法人税法上の収益事業（⑽請負業）に該当します。

　ただし，当該公益法人等が実施する公益目的事業に含まれる場合は，収益事業からは除かれます。

Reference　法基通15-2-12(2)

DETAIL

　調査研究事業が収益事業に該当する場合については，次頁のとおり。

●法人税基本通達

（補助金等の収入）

15－2－12　収益事業を行う公益法人等又は人格のない社団等が国，地方公共
　　団体等から交付を受ける補助金，助成金等（資産の譲渡又は役務の提供の対
　　価としての実質を有するものを除く。以下15－2－12において「補助金等」
　　という。）の額の取扱いについては，次の区分に応じ，それぞれ次による。
　(1)　固定資産の取得又は改良に充てるために交付を受ける補助金等の額は，
　　　たとえ当該固定資産が収益事業の用に供されるものである場合であって
　　　も，収益事業に係る益金の額に算入しない。
　(2)　収益事業に係る収入又は経費を補塡するために交付を受ける補助金等の
　　　額は，収益事業に係る益金の額に算入する。

Q34 収益事業の判定⑨〜出版社から原稿料を受け取っていますが，収益事業に該当しますか？　収益事業に該当する場合は，出版業ですか？（⑽請負業）

　当法人は非営利型一般法人です。出版社から原稿料を受け取っていますが，法人税法上の収益事業に該当しますか？

A ∙∙∙

SUMMARY ▷　本ケースのように，出版に関連する事業でも，他の者が出版する出版物の原稿料を受け取った場合は⑽請負業になります。

　⒀出版業とは，自ら書籍や雑誌，新聞などの出版物を制作して出版する事業であり，名簿，統計数値，企業財務に関する情報等を印刷物等として制作し，販売する事業も含まれます。なお，出版物の取次を行う事業は，⑴物品販売業又は⒇問屋業に該当します。

Reference ）　法基通15-1-31

DETAIL ▷

　⑽請負業として課税対象になった場合は，⒀出版業の非課税規定（「**Q35** 収益事業の判定⑩〜出版事業は収益事業に該当しますか？（⑿出版業）」参照）が適用されないので，注意が必要です。

●**法人税基本通達**

> （出版業の範囲）
> 15-1-31　令第5条第1項第12号《出版業》の出版業には，各種の名簿，統計数値，企業財務に関する情報等を印刷物等として刷成し，これを販売する事業が含まれる。
> （注）
> 1　他の者が出版する出版物の編集，監修等を引き受ける事業は，同項第10号《請負業》の請負業に該当する。

90

2　出版物の取次を行う事業は，同項第1号《物品販売業》の物品販売業又は同項第20号《問屋業》の⒇問屋業に該当する。

Q35　収益事業の判定⑩～出版事業は収益事業に該当しますか？（⑿出版業）

　法人税法上の収益事業である⑿出版業は，出版物の種類を問わずすべての出版が対象となるのでしょうか？

A ....

SUMMARY　特定のものを除き，⑽出版業に該当します。
　例外として，特定資格会員向けの会報等と学術・慈善等の会報については，収益事業から除かれます。

Reference　法令 5 ①十二，法基通15- 1 -31・15- 1 -32・15- 1 -33

DETAIL

　法人税法施行令が掲げる34の収益事業に掲げられている⑿出版業は，書籍，雑誌，新聞などの出版物を制作して出版する事業のほか，各種の名簿，統計数値，企業財務に関する情報等を印刷物として刷成しこれを販売する事業が含まれることから，およそすべての出版物の出版事業が該当することになります（法基通15- 1 -31）。また，フリーペーパーやフリーマガジンといった読者への配布を無料で行い，収入は広告料で賄うといった出版物は，直接の販売は行っていないとしても対価を得て出版を行っている実態であることから，定期的に出版し法人の事業として行われていると認められるものについては，原則として収益事業である⑿出版業に該当すると考えられます。

《例外～収益事業から除かれる場合》
① 特定資格会員向けの会報等
　以下の 3 要件をいずれも満たす会報の発行は，法人税法上の収益事業からは除かれます（法令 5 ①十二）。

ア．発行するのは，特定の資格を有する者を会員とする法人であること

　「特定の資格」とは，特別に定められた法律上の資格，特定の過去の経歴からする資格その他これらに準ずる資格をいいます（法基通15－1－32）。単に，年齢，性別又は姓名が同じ，趣味又は嗜好が同じ，その他これらに準ずるものは，これに該当しません。また，思想，信条又は信教を同じくするものを会員とする資格は，ここでいう特定の資格には認められていないことに注意が必要です。

■講習会事業と法人税法上の収益事業

特定の資格	特別に定められた法律上の資格 （医師，弁護士，公認会計士，司法書士等）
	特定の過去の経歴からする資格 （例：どこで生まれたか，どこの学校を出たか，どこに勤務したか，どこに勤務しているか他）
特定の資格に含まれないもの	年齢，性別又は姓名が同じ。 趣味又は嗜好が同じ。 思想，信条又は信教が同じ。

イ．発行するのは，会報その他これに準ずる出版物であること

　「会報に準ずる出版物」とは，会報に代え，又は会報に準じて出版される出版物で主として会員だけに必要とされる特殊な記事を内容とする，いいかえると会員のみその価値を認められる出版物をいいます。

　したがって，会員名簿又は会員の消息その他これに準ずるものを記事の内容とするものは会報に準ずるものに該当しますが，いわゆる単行本，月刊誌のような書店等において通常商品として販売されるものと同様な内容のものは該当しません（法基通15－1－33）。

■ **会報に準ずる出版物**

会報に準ずる出版物	会員のみにその価値が認められるもの （例：会員名簿又は会員の消息他）
会報に準ずる出版物 に含まれないもの	一般的に市場性を有する出版物 （例：単行本・月刊誌のような書店等において通常商品として 販売されるものと同様な内容のもの）

ウ．出版物を主として会員に配布すること

　　「主として出版物を会員に配布すること」とは，会報その他これに準ずる出版物を会員に配布することを目的として刷成し，その部数の大部分（8割程度）を会員に無償で配布していることをいいます。

　　なお，会員でない者でその会に特別の関係を有する者に対して対価を受けないで配布した部数は，会員に配布したものとして取り扱います（法基通15－1－34）。

② 学術，慈善等の会報

　学術，慈善その他公益を目的とする法人が，その目的を達成するため会報を専らその会員に配布するために行うものは，法人税法上の収益事業からは除かれます。

　ここで，「専らその会員に配布すること」とは，会報を会員だけに配布することをいい，特定資格会員向けの会報等における「主として会員に配布すること」よりも要件が厳しい点に留意する必要があります（法基通15－1－35）。

　なお，特定資格会員向けの会報等と同様に，会員でない者でその会に特別の関係を有する者に対して対価を受けないで配布しているものは，会員に配布したものとして取り扱います。

　次の図表は，出版事業の法人税法上の収益事業の判定についてまとめたものです。

■出版事業と法人税法上の収益事業

法人類型	区分		原則	特定資格会員向け又は学術・慈善等の会報による例外
公益法人	公益目的事業		【非収益事業】 公益法人等の公益目的事業は，たとえ出版業であっても収益事業から除かれます。	【非収益事業】
	収益事業等	収益事業	【収益事業】	
		共益事業		
非営利型法人の一般法人（移行法人）	実施事業	公益目的事業	【収益事業】 たとえ公益目的事業であっても収益事業となります。	
		継続事業		
	その他事業		【収益事業】	

　基本的には，出版事業が法人税法上の収益事業となる⑿出版業に該当するか否かで収益事業か否かを判定しますが，仮に収益事業となる⑿出版業に該当する場合であっても，公益法人が行う公益目的事業に含まれている場合は，収益事業から除かれます。

　なお，収益事業から除かれる公益目的事業はあくまで認定法上公益法人が行う公益目的事業であるため，非営利型一般法人の一般法人（移行法人）が行う公益目的事業は，原則通り収益事業となる⑿出版業に該当するか否かを判定します。

補足～数年に１回の出版物の発行と収益事業～

　収益事業は継続性が求められているため，数年に一度しか出版しない場合は収益事業に該当しないのではないかという疑問をお持ちの読者もいらっしゃるかもしれません。ですが，販売活動がごく短期間しか行われないものであって

も，その販売活動に至るまでの準備期間が相当長期にわたるものについては，その準備期間を含めたところで全体として継続性の判断を行うことになります。

　すなわち，一の事業計画に基づく事業の遂行に相当期間を要するものについては，その事業計画の遂行に要する期間の全体を見て事業の継続性を判断することになります。

　そのため，例えば全集や辞典の出版等，通常一の事業計画に基づく事業の遂行に相当期間を要するものは，収益事業に該当することになります。

●**法人税基本通達**

（出版業の範囲）
15−1−31　令第5条第1項第12号《出版業》の出版業には，各種の名簿，統計数値，企業財務に関する情報等を印刷物等として刷成し，これを販売する事業が含まれる。

（特定の資格）
15−1−32　令第5条第1項第12号《出版業》に規定する「特定の資格」とは，特別に定められた法律上の資格，特定の過去の経歴からする資格その他これらに準ずる資格をいうのであるから，単に次に掲げることに該当することをもってその会員の資格とするような法人は，特定の資格を有する者を会員とする法人とはならないことに留意する。
（1）　年齢，性別又は姓名が同じであること。
（2）　趣味又はし好が同じであること。
（3）　その他(1)又は(2)に準ずるものであること。

（会報に準ずる出版物）
15−1−33　令第5条第1項第12号《出版業》に規定する「これに準ずる出版物」とは，会報に代え，又は会報に準じて出版される出版物で主として会員だけに必要とされる特殊な記事を内容とする出版物をいう。したがって，会員名簿又は会員の消息その他これに準ずるものを記事の内容とするものは会報に準ずるものに該当するが，いわゆる単行本，月刊誌のような書店等において通常商品として販売されるものと同様な内容のものは，これに該当しないことに留意する。

（出版物を主として会員に配布すること）

15－1－34　令第5条第1項第12号《出版業》に規定する「主として会員に配布する」こととは，会報その他これに準ずる出版物を会員に配布することを目的として刷成し，その部数の大部分（8割程度）を会員に配布していることをいう。この場合において，会員でない者でその会に特別の関係を有する者に対して対価を受けないで配布した部数は，会員に配布したものとして取り扱う。

（会報を専らその会員に配布すること）

15－1－35　令第5条第1項第12号《出版業》に規定する「会報を専らその会員に配布する」こととは，会報を会員だけに配布することをいう。この場合において，会員でない者でその会に特別の関係を有する者に対して対価を受けないで配布しているものは会員に配布したものとして取り扱う。

● 法人税法施行令5条1項

（収益事業の範囲）

十二　出版業（特定の資格を有する者を会員とする法人がその会報その他これに準ずる出版物を主として会員に配布するために行うもの及び学術，慈善その他公益を目的とする法人がその目的を達成するため会報を専らその会員に配布するために行うものを除く。）

Q36　収益事業の判定⑪〜協会員から収受する会費（⑿出版業，⑭席貸業）

　当協会は特定の資格者を対象とした公益社団法人です。協会会員からは，年間会費の他に会報の年間購読料として購読会員会費を徴収していますが，これらの会費は，収益事業に含まれないと考えてよいですか？

A ···

SUMMARY　特定の資格者である協会会員から収受した会報の購読会員会費については，収益事業とはなりません。

Reference　法令5①十二，法基通15-1-36

DETAIL

　ある収入が法人税法上の収益事業に含まれるか否かは，その対価の名称や名目ではなく，実質的な内容や性格を検討して判断することになります。

　公益法人等における，対価性が明確でない一般的な年間会費については，法人税法施行令5条に規定する34事業に該当しないため，収益事業には含まれません。

　一方，会費であっても，購読会員会費のように出版物の年間購読料として会費を徴収するケースは，原則として上記34事業のうちの⑿出版業に該当するため収益事業に含まれます（法基通15-1-36）。ただし，⑿出版業に該当しても，特定の資格者向けの会報等，学術及び慈善等を目的とする法人の会報等については，例外的に収益事業から除外されています（法令5①十二）。

　お尋ねの場合ですが，特定の資格者である協会会員から収受した会報の購読会員会費については，収益事業とはなりません。

　また，ある事業に参加するための対価として会費を徴収している場合，当該事業が収益事業に該当するか否かによって判断することとされています。例えば，技芸の教授に該当する講習会の受講対価を会費として徴収している場合，収益事業の対価となります。他方，技芸の教授に該当しないような一般教養等

の講習会の受講対価を会費として徴収している場合，収益事業の対価とはなりません。

ここでご注意いただきたいことが2点あります。

1点目は，特定の資格を有する者を会員とする公益法人等が，その会員を対象として行う事業であるというだけでは，直ちに非収益事業であるということにはならないことです。その公益法人等の構成員である会員を対象として行う事業で収益事業の除外規定があるものは上記「(12)出版業」と「(14)席貸業」だけに限られています。

2点目は，法人税法上の収益事業に該当するか否かという判定と，消費税法上の課税売上か否かという判定は全く別物であることです。法人税法上収益事業に含まれない会費収入であっても，事業の対価として徴収している会費は原則として課税売上となります。

●法人税基本通達

（代価に代えて会費を徴収して行う出版物の発行）

15-1-36　公益法人等の行う出版物の配布が令第5条第1項第12号《出版業》の出版業に該当する場合において，当該出版物の対価が会費等の名目で徴収されていると認められるときは，次に掲げる場合に応じ，次による。
(1)　会員から出版物の代価を徴収しないで別に会費を徴収している場合には，その会費のうち当該出版物の代価相当額を出版業に係る収益とする。
(2)　会員以外の者に配布した出版物について代価を徴収しないで会費等の名目で金銭を収受している場合には，その収受した金額を出版業に係る収益とする。

●法人税法施行令5条1項

（収益事業の範囲）

十二　出版業（特定の資格を有する者を会員とする法人がその会報その他これに準ずる出版物を主として会員に配布するために行うもの及び学術，慈善その他公益を目的とする法人がその目的を達成するため会報を専らその会員に配布するために行うものを除く。）

Q37　収益事業の判定⑫〜公益法人が行う出版事業が公益目的事業に含まれる事例（⑫出版業）

　例外はあるもののおよそすべての出版物が法人税法上の収益事業に該当しますが，法人税法上の収益事業にあたるのであれば，公益法人が行う公益目的事業にならないのではないでしょうか？

A ‥‥‥‥‥‥‥‥‥‥‥‥‥‥‥‥‥‥‥‥‥‥‥‥‥‥‥‥‥‥‥‥‥‥‥

SUMMARY　よくある誤解として「法人税法上の収益事業に該当するために公益目的事業にできない」が挙げられます。実際は，法人税法上で収益事業であっても，認定法に基づき，公益認定等委員会で公益目的事業と認定されることもあります。税法上の判定と認定法上の判定は別物です。また認定法において公益目的事業と認定された場合には，税法上も公益目的事業として収益事業からは除外されます。「今までは税法において収益事業だったので，公益目的事業にはならない」と考えて，それ以上の検討をしていない公益法人も多くありますが，税法上の収益事業であっても公益目的事業になる可能性がありますので，十分な検討が望まれます。その事業だけを見ると公益目的事業として説明が難しくても，公益目的事業の付随事業として説明をし，他の事業とグルーピングの上，事業単位として公益性を説明することによって，公益目的事業として認定される可能性が広がるケースがあります。具体的には，法人税法上の収益事業にあたる出版事業が，公益目的事業の研究成果の普及啓発のための事業として，公益目的事業として認められている事例も多くあります。以下の事例をご参照ください。

Reference　法令 5 ②一

DETAIL

　公益法人が出版事業を公益目的事業で行っている事例として，次の図表をご参照ください。

法人名	事業内容
（財）公益法人協会	**書籍の頒布事業** 日本及び海外における民間公益活動・非営利活動に関する法制，税制，会計ならびに公益組織・非営利組織の事業・運営や活動状況等を書籍として出版する。
（財）助成財団センター	**助成財団等に関する情報を出版物により提供を行う事業** 助成財団等に関する情報を社会一般の利用に広く供するために情報を提供する事業を行っている。これは，調査・研究結果及び蓄積された情報を基にして各種出版物を発行しており，助成金等を必要とする者の利用に供している。
（財）中部電力基礎技術研究所	電気の利用技術に関する，試験研究・国際交流・研究成果の出版・研究発表会及びシンポジウム等の開催に対する助成を行う事業
（財）モラロジー研究所	モラロジーの研究および教育の普及をはかるために，情報誌の編集・刊行を行う出版事業
（社）國民會館	講演会事業の講演内容を書籍とし，広く一般市民の閲覧に供する出版事業
（財）全日本拳法連盟	会報及び出版物発行事業
（財）自転車衛路交通法研究会	自転車の安全運転及び道路交通法令の遵守を啓発するための書籍及び印刷物の出版，映像作品の製作，並びに情報の発信
（財）ヤマハ発動機スポーツ振興財団	スポーツの普及・振興に関する調査・研究，及びスポーツの普及・振興のための書籍・視聴覚教材の製作・出版，並びにセーリング競技会等の開催及び開催支援等
（財）サントリー音楽財団	出版事業
（財）紙の博物館	機関誌及び紙に関する書籍類の出版
（財）石水会館	文化財の収集・保管・展示に関する事業を行い，研究と啓発のための講座・講演会等の開催と広報・出版活動を通じて，地元文化の向上及び学芸の進歩に寄与する博物館の事業
（社）広島県放射線技師会	放射線に関する情報を出版等により提供を行う事業
（社）日本人間ドック学会	学会誌，学術図書，ニュースの刊行に関する事業
（財）東京国際研究クラブ	我が国及び諸外国の産業，通商，資本市場の動向等を中心とした世界経済に関する調査研究，シンポジウムの開催，研究成果の刊行

（財）生協総合研究所	消費生活と生活文化の向上及び生協に関する刊行物等の編集・発行等に係わる事業
（財）病態代謝研究会	研究成果をまとめ，報告集として刊行する。
（財）私立大学通信教育協会	大学通信教育の周知普及のためのガイドの刊行及び配布，説明会の開催，周知広告並びに教育関係諸機関へのニューズレターの配布等
（財）栢森情報科学振興財団	公益目的事業に関する機関誌，論文集等の刊行及び啓蒙事業
（社）徳島地方自治研究所	地方自治に関する総合的な調査研究を行い，住民に密着した地方自治の発展と地域社会の振興に寄与することを目的とし，地方自治に関する調査研究や講演会，普及のための定期刊行物や資料の発行などを行う。
（財）七十七ビジネス振興財団	宮城県内の産業・経済の振興に関する調査・研究事業，並びに情報収集・提供刊行事業
（財）足立区勤労福祉サービスセンター	生活産業広報紙「公社ニュースときめき」の発刊事業
（財）流財団	「流政之作品論集」の編集及び発刊事業
（財）関西エネルギー・リサイクル科学技術振興財団	電気エネルギー・リサイクル関係技術分野に関する試験研究，国際交流活動，研究成果の出版，研究発表会やシンポジウム等の開催に対する助成事業
（財）日本アレルギー協会	アレルギーに関する市民講座の開催や出版物の刊行，アレルギー疾患団体への援助による啓発活動
（財）日仏会館	日仏両国の文化・学術研究に関する交流促進及び講演会・シンポジウム・出版物等を通じた研究成果の普及事業
（財）東京子ども図書館	広く社会に子ども読書の重要性を訴えるための情報発信事業。機関誌，ホームページ等を通じた広報活動。図書館での実践，研究，研修を基にした出版物の編集・出版・普及活動。同じ目的を有する他機関との情報交換。情報発信協力。
（財）日独協会	「機関誌（Die Bruecke かけ橋）」の発行，ホームページの公開，メーリング・ニュースの配信，出版事業
（財）大同生命国際文化基金	アジアの国々の姿がより一層深く理解されることを目的として，アジア諸国の現代作品を日本語に翻訳・出版し寄贈する事業，及び日本の作品をアジア諸国語に翻訳・出版し寄贈する事業
（社）日本セラミックス協会	セラミックスの科学・技術に関する情報を発信する定期刊行物及び学習用教材の出版，セラミックスに関する知識普及のための書籍の編集等書籍出版に関する事業

（社）日本彫刻会	彫刻芸術に関する出版事業「日彫会報」,「アートライブラリー」
（社）地盤工学会	地盤工学の学術及び調査研究の成果を出版する事業
（財）秀明文化財団	MIHO MUSEUM における美術工芸品の保存・活用・公開展示並びにこれに付随する調査研究・教育普及及び出版に関連する事業
（財）東京生化学研究会	助成研究報告集の刊行と頒布
（財）学習ソフトウェア情報研究センター	情報の収集・提供。全国の学校教員等が制作した学習ソフトウェア・素材の収集・提供，情報教育専門誌の刊行，メールマガジンによる情報の提供
（財）日伊協会	研究調査・刊行事業：日伊協会の前身は伊学協会（1888年設立）と日伊学会（1937年設立）であり，そのアカデミックな伝統は日伊協会に引き継がれている。「日伊文化研究」（年1回発行）は2021年3月号で59号を数え，イタリアの文化社会に関する論文等を掲載する学術刊行物である。その他刊行物としてイタリアに関する情報をタイムリーに提供する機関誌「CRONACA」（年4回発行）がある。またイタリアに関する図書を収集し，一般の閲覧に供している。
（社）砥粒加工学会	学術誌，学術図書の刊行
（社）大日本山林会	（森林・林業の普及啓発事業）一般市民及び森林・林業関係者に対して，研修，刊行物発行，表彰等を通じ，森林・林業に関する普及啓発を行う事業
（社）日本地震学会	学会誌，その他刊行物の発行
（社）日本交通政策研究会	交通政策及び道路交通に関わる諸問題に対し，正会員及び賛助会員からの提案のテーマを設定して調査・研究に取り組む。その成果はシンポジウムや講習会を開催して公表するとともに報告書として刊行する。
（財）臨床薬理研究振興財団	臨床薬理に関する研究，研究者の海外留学及び招聘研究者並びに人材育成事業に対する助成，臨床薬理研究に関する優れた業績に対する褒賞事業，研究成果報告集「臨床薬理の進歩」の発刊，研究報告会の開催
（財）武田科学振興財団	本草医書を中心に東洋医書の復刻版や学術書を発刊し贈呈することによって，研究材料としての情報提供を行う事業（杏雨書屋事業）

●**法人税法施行令**

（収益事業の範囲）

第5条

2　次に掲げる事業は，前項に規定する事業に含まれないものとする。

　一　公益社団法人又は公益財団法人が行う前項各号に掲げる事業のうち，公
　　益社団法人及び公益財団法人の認定等に関する法律第2条第4号（定義）
　　に規定する公益目的事業に該当するもの

Q38 収益事業の判定⑬〜会員へのシェアオフィスは収益事業に該当しますか？(⒁席貸業)

当法人は非営利型一般法人です。会員へのシェアオフィスを行っていますが，法人税法上の収益事業に該当しますか？

A ···

SUMMARY ⒁席貸業とは，一般にいわゆる席料や利用料を受領して，座席，集会場等一定の場所を随時，時間や期間等を区切って利用させるために賃貸する事業をいいます。

　一般的に，シェアオフィスは「⒁席貸業」に該当しますが，「法人がその主たる目的とする業務に関連して行う席貸業で，当該法人の会員その他これに準ずる者の用に供するためのもののうちその利用の対価の額が実費の範囲を超えないもの」(法令5①十四ロ(4)) は収益事業から除外されます。したがって，本案件の場合は，「利用の対価の額が実費の範囲を超えないもの」であれば，収益事業には該当しません。

　シェアオフィス以外では，協賛スポンサーがブースなどを設けて，そのスポンサーから展示料収入を得ているような場合が⒁席貸業に該当する可能性があります。

(Reference) 法令5①十四，法基通15-1-38の3

●法人税法施行令5条1項

> （収益事業の範囲）
> 十四　席貸業のうち次に掲げるもの
> 　イ　不特定又は多数の者の娯楽，遊興又は慰安の用に供するための席貸業
> 　ロ　イに掲げる席貸業以外の席貸業（次に掲げるものを除く。）
> 　　(1)〜(3)省略
> 　　(4)　法人がその主たる目的とする業務に関連して行う席貸業で，当該法人の会員その他これに準ずる者の用に供するためのもののうちその利用の対価の額が実費の範囲を超えないもの

DETAIL ▷

　「その利用の対価の額が実費の範囲を超えないもの」に該当するかどうかは，既往の実績等に照らし，その事業年度における会員等に対する席貸しの全体の収益と費用とがおおむね均衡するような利用料金が設定されているかどうかにより判定することとされています（法基通15-1-38の3）。すなわち，その判定は1回の席貸しごとに行うのではなく，事業年度単位で行えばよく，また，過去の事業年度の実績からみて会員等に対する席貸しによる利益が出ないと見込まれるような料金が設定されていればよいことになります。

　この除外規定の趣旨が，会員内利用の席貸しで，利益の出ないような低廉な対価によるものについては強いて収益事業課税の対象とする必要はないということなので，その趣旨を逸脱しない範囲で実態にあった対応をする必要があります。

●法人税基本通達

（利用の対価の額が実費の範囲を超えないもの）

15-1-38の3　公益法人等の行う席貸業が令第5条第1項第14号ロ(4)に規定する「その利用の対価の額が実費の範囲を超えないもの」に該当するかどうかは，既往の実績等に照らし，当該事業年度における会員その他これに準ずる者に対する席貸しに係る収益の額と費用の額とがおおむね均衡すると認められるような利用料金が設定されているかどうかにより判定する。

Q39 収益事業の判定⑭〜会員に準ずる者には，特別会員や名誉会員等も含まれますか？（⑭席貸業）

　当団体は特定の資格者を対象とした公益社団法人です。公益法人等が行う会員その他これに準ずる者に対する低廉な対価による会議等のための席貸しは，収益事業となる「⑭席貸業」の範囲から除外することとされていますが，この場合の「会員その他これに準ずる者」には，いわゆる特別会員，客員，永久会員，名誉会員等すべてが含まれると考えてよいでしょうか？

A ……………………………………………………………………………

SUMMARY　公益法人等の業務運営のための費用の一部を負担している構成員であれば，会員の名称は問われません。

Reference　法令5①十四，法基通15-1-38の2

DETAIL

　収益事業となる「⑭席貸業」から除外されるものの一つに「法人がその主たる目的とする業務に関連して行う⑭席貸業で，当該法人の会員その他これに準ずる者の用に供するためのもののうちその利用の対価の額が実費の範囲を超えないもの」があり，公益法人等の行う会員等に対する低廉な対価による会議等のための席貸しは，法人税の課税対象となる⑭席貸業の範囲から除外することとされています（法令5①十四ロ(4)）。

　ここでいう「会員その他これに準ずる者」の範囲ですが，上記規定は，いわゆる会員利用の席貸しで利益の出ないような低廉な対価によるものについては，しいて収益事業として課税する必要はないということを趣旨としています。それを踏まえて，「会員その他これに準ずる者」には，公益法人等の正会員の他，準会員，賛助会員等としてその公益法人等の業務運営に参画し，その業務運営のための費用の一部を負担している者（いわゆるその法人の直接的な構成員）

や一定の間接構成員を含むこととしています（法基通15-1-38の2）。

　つまり，各会員のその実質がその公益法人等の直接又は間接の構成員であれ
ばよいということになります。

　したがって，施設の利用者が「○○会員」と単に名称だけで，その実質はそ
の公益法人等の業務運営に参画しない一般の利用者である場合には，ここでい
う「会員等に準ずる者」には含まれず，法人税の課税対象となる⒁席貸業に該
当することになる点には，注意が必要です。

　この除外規定の趣旨が，会員内利用の席貸しで，利益の出ないような低廉な対
価によるものについては強いて収益事業課税の対象とする必要はないというこ
となので，その趣旨を逸脱しない範囲で実態にあった対応をする必要があります。

●**法人税法施行令**

（収益事業の範囲）
第5条　法第2条第13号（定義）に規定する政令で定める事業は，次に掲げる
　事業（その性質上その事業に付随して行われる行為を含む。）とする。
　十四　席貸業のうち次に掲げるもの
　　イ　不特定又は多数の者の娯楽，遊興又は慰安の用に供するための席貸業
　　ロ　イに掲げる席貸業以外の席貸業（次に掲げるものを除く。）の用に供す
　　るための席貸業
　　　⑷　法人がその主たる目的とする業務に関連して行う席貸業で，当該
　　　　法人の会員その他これに準ずる者の用に供するためのもののうちそ
　　　　の利用の対価の額が実費の範囲を超えないもの

●**法人税基本通達**

（会員に準ずる者）
15-1-38の2　令第5条第1項第14号ロ⑷《非課税とされる会員等を対象と
　する席貸業》に規定する「会員その他これに準ずる者」には，公益法人等の
　正会員のほか，準会員，賛助会員等として当該公益法人等の業務運営に参画
　し，その業務運営のための費用の一部を負担している者，当該公益法人等が
　複数の団体を構成員とする組織である場合のその間接の構成員等が含まれる
　ものとする。

Q40 収益事業の判定⑮〜会議室の一時的な貸付けは収益事業に該当しますか？（⒁席貸業）

当法人は非営利型一般法人です。単なる会議や研修のための一般的な席貸しは，法人税法上の収益事業に該当します。

A ···

SUMMARY ⒁席貸業とは，一般にいわゆる席料や利用料を受領して，座席，集会場等一定の場所を随時，時間や期間等を区切って利用させるために賃貸する事業をいいます。

会議室の一時的な貸付けは「⒁席貸業」に該当しますが，収益事業の要件として，「継続して」席貸しを行う必要がありますので，単なる会議や研修のための一時的な貸付けは収益事業には該当しません。

一方で，不特定又は多数の者に対する映画，演劇，スポーツ，宴会やパーティ，展覧会，美術展，商品展示会等興行のための集会場や野球場，テニスコート，体育館等などの貸付けは「⒁席貸業」に該当します。

Reference 法法2十三，法基通15-1-38

DETAIL

ただし，その会議室が他人に貸し付けることを前提に設置されている場合や主として自ら利用するための会議室でも，自ら利用しない場合はいつでも他人に貸し付けている場合には，「⒁席貸業」に該当する可能性があるので，注意が必要です。

●法人税法

（定義）
第2条
　十三　収益事業　販売業，製造業その他の政令で定める事業で，継続して事業場を設けて行われるものをいう。

●**法人税基本通達**

（席貸業の範囲）

15－1－38　令第 5 条第 1 項第14号イ《席貸業》に規定する「不特定又は多数の者の娯楽，遊興又は慰安の用に供するための席貸業」には，興行（15－1－53により興行業に該当しないものとされるものを含む。）を目的として集会場，野球場，テニスコート，体育館等を利用する者に対してその貸付けを行う事業（不動産貸付業に該当するものを除く。）が含まれることに留意する。

（注）　展覧会等のための席貸しは，同号イの娯楽，遊興又は慰安の用に供するための席貸しに該当する。

Q41 収益事業の判定⑯～青少年アスリートへの低廉な宿泊施設（⒂旅館業）

当法人は宿泊施設を有し，青少年アスリートを宿泊させて1泊夕朝食付3,000円の宿泊料を徴収しております。この宿泊料は，法人税法上の収益事業として収益の額に算入しなければならないのでしょうか？

A ···

SUMMARY〉「低廉な宿泊施設」には該当しませんから，収益事業に該当します。

Reference〉法基通15-1-42

DETAIL〉

法人税法上の収益事業となる「⒂旅館業」とは，宿泊施設を有し有料で人を宿泊させる事業であり，下宿営業や旅館業法による旅館業の許可を受けないで宿泊させ宿泊料（実質的に宿泊料と認められるものを含む）を受ける事業も含まれます。したがって，法人が宿泊施設を有し，青少年アスリートを宿泊させて宿泊料としての実質を有する対価を受けるような場合には，たとえその対価をいかなる名目で受けるときであっても「⒂旅館業」に該当します。

ただし，以下の「低廉な宿泊施設」に該当するものについては，収益事業となる⒂旅館業にはあたらないものとされています（法基通15-1-42）。

「低廉な宿泊施設」とは，公益法人等が専ら会員の研修その他その主たる目的とする事業（収益事業に該当する事業を除く）を遂行するために必要な施設として設置した宿泊施設で，以下のイ，ロ，ハの3要件をすべて満たすものをいいます。

イ　その宿泊施設の利用が，専ら公益法人等の主たる目的とする事業（収益事業に該当するものを除く）の遂行に関連してなされるものであること。

ロ　その宿泊施設が，多人数で共用する構造及び設備を主とするものであること。

　ハ　利用者から受ける宿泊料の額が，すべての利用者につき1泊1,000円（食
　　　事を提供するものについては，2食付きで1,500円）以下であること。
　お尋ねの場合は，上記ハの要件を満たさないことから，「低廉な宿泊施設」
にはあたらず，収益事業である⒂旅館業に該当することになります。
　なお，上記の「低廉な宿泊施設」である場合でも，「㉚技芸教授業」に付随
して行われる寄宿舎の経営であるときは収益事業として課税の対象となること
に注意が必要です。

●**法人税基本通達**

（低廉な宿泊施設）

15－1－42　公益法人等が専ら会員の研修その他その主たる目的とする事業（収
　　益事業に該当する事業を除く。以下15－1－42において同じ。）を遂行するた
　　めに必要な施設として設置した宿泊施設で，次の要件の全てを満たすものの
　　経営は，15－1－41のただし書に該当するものを除き，令第5条第1項第15
　　号《旅館業》の旅館業に該当しないものとする。
　⑴　その宿泊施設の利用が専ら当該公益法人等の主たる目的とする事業の遂
　　　行に関連してなされるものであること。
　⑵　その宿泊施設が多人数で共用する構造及び設備を主とするものであるこ
　　　と。
　⑶　利用者から受ける宿泊料の額が全ての利用者につき1泊1,000円（食事を
　　　提供するものについては，2食付きで1,500円）以下であること。

Q42　収益事業の判定⑰～ユニホーム，ベンチコート，バッグのあっせん（⑲仲立業）

　　当団体は，地域のサッカーチームを運営する非営利型一般法人です。チームメンバーには，チームメンバーである自覚をうながし，団体行動をとるために，ユニホーム，ベンチコート，バッグ等の指定用品をあっせんし，業者から販売協力金を受け取っております。法人税法上の収益事業に該当しますか？

A ....

SUMMARY　業者の商品売買のあっせんは，法人税法上の収益事業に該当します。⑲仲立業とは，他の者のために商行為の媒介を行う事業をいい，例えば商品売買，金融等の仲介又はあっせんを行う事業がこれに該当します。

Reference　法基通15- 1 -46

●法人税基本通達

（仲立業の範囲）
15- 1 -46　令第 5 条第 1 項第19号《仲立業》の仲立業とは，他の者のために商行為の媒介を行う事業をいい，例えば商品売買，用船契約又は金融（手形割引を含む。）等の仲介又はあっせんを行う事業がこれに該当する。

Q43　収益事業の判定⑱〜アマチュアのサッカー大会「〇〇カップ」は収益事業に該当しますか？（㉖興行業）

　当団体は，地域のサッカーチームを運営する非営利型一般法人です。年に1回，近隣のサッカーチームを招待し，低額の入場料を集めてアマチュア大会「〇〇カップ」を開催しています。法人税法上の収益事業の㉖興行業に該当しますか？

A

SUMMARY　映画，演劇，演芸，舞踊，舞踏，音楽，スポーツ，見せ物等の興行を行う事業は，自主運営でも他の興行主のための事業でも，プロスポーツであってもアマチュアスポーツであっても，法人税法上の収益事業である㉖興行業に該当します。

Reference　法基通15-1-52・15-1-53

●法人税基本通達

（興行業の範囲）
15-1-52　令第5条第1項第26号《興行業》の興行業には，自らは興行主とはならないで，他の興行主等のために映画，演劇，演芸，舞踊，舞踏，音楽，スポーツ，見せ物等の興行を行う事業及び興行の媒介又は取次ぎを行う事業が含まれる。
（注）　常設の美術館，博物館，資料館，宝物館等において主としてその所蔵品（保管の委託を受けたものを含む。）を観覧させる行為は，興行業に該当しない。

DETAIL

　ただし，所轄税務署長の確認を受けた慈善興行は㉖興行業に該当しません。ここでいう慈善興行とは，参加者や関係者が無報酬で純益が教育や社会福祉のために支出されるか（いわゆるチャリティー），学生等のアマチュア参加者・出演者による次の2ケースが該当します。

ケース1：興行収入の相当部分を企業の広告宣伝のための支出に依存し，剰余金が生じない

ケース2：直接要する会場費，人件費その他の経費の額を賄う程度の低廉な入場料によるもの

　したがって，本ケースは，ケース2に該当し，所轄税務署長の確認を受けた場合は，法人税法上の収益事業に該当しません。すなわちその入場料が，直接要する会場費，人件費その他の経費の額を賄う程度であり，所轄税務署長の確認を受ければ，法人税法上の収益事業に該当しません。

●**法人税基本通達**

（慈善興行等）

15－1－53　次に掲げる興行（これに準ずるものを含む。）に該当することにつき所轄税務署長の確認を受けたものは，令第5条第1項第26号《興行業》の興行業に該当しないものとする。

 (1)　催物に係る純益の金額の全額が教育（社会教育を含む。），社会福祉等のために支出されるもので，かつ，当該催物に参加し又は関係するものが何らの報酬も受けないいわゆる慈善興行

 (2)　学生，生徒，児童その他催物に参加することを業としない者を参加者又は出演者等とする興行（その興行収入の相当部分を企業の広告宣伝のための支出に依存するものについては，これにより剰余金の生じないものに限るものとし，その他の興行については，その興行のために直接要する会場費，人件費その他の経費の額を賄う程度の低廉な入場料によるものに限る。）

Q44　収益事業の判定⑲〜ゴルフクラブの入会金（⒄遊技所業）

　当法人はゴルフ場を経営している公益社団法人です。ゴルフ場の経営
は，法人税法上の収益事業となる「⒄遊技所業」となることは理解してい
ますが，プレー代に限らず，入会金や名義書換料などの一時金についても
収益事業の収益の額に算入しなければならないのでしょうか？

A ⋯⋯⋯⋯⋯⋯⋯⋯⋯⋯⋯⋯⋯⋯⋯⋯⋯⋯⋯⋯⋯⋯⋯⋯⋯⋯⋯

SUMMARY　入会金については，その全部又は一部を基金等として区分経理し
た場合には，その区分経理した金額については収益事業に係る収益の額としないこ
とができます。

Reference　法基通15-1-54・15-2-13

DETAIL

　ゴルフ場の経営については，収益事業のうちの⒄遊技場業に該当します（法
基通15-1-54）。したがって，公益法人等に該当するゴルフクラブが収受し
たプレー代金の他，会員となる者から徴収した入会金や会員としての地位の承
継などにあたって徴収する名義書換料などの一時金についても，その収益事業
に係る収益の額に含まれます。ただし，会員が脱退する際に返還することが規
約等において明らかにされているもの等の，預り金的な性格を有するものは除
かれます。

　しかし，その入会金等の全部又は一部を基金等として区分経理した場合には，
その区分経理した金額については収益事業に係る収益の額としないことができ
ます（法基通15-2-13）。ただし，名義書換料等については区分経理をした
場合であっても非収益事業には該当せず，その収入の時点において収益事業に
係る収益の額に算入しなければいけません。

　これは，公益法人等に該当するゴルフクラブが収受する入会金等は，当該法
人に対する会員からの基金等の出捐と考えられるため，法人が区分経理するこ

とにより自己の基金等として意思表示している場合にはその処理を認め，実際に取り崩されるまでは課税を繰り延べることとされているからです。将来，その基金等を取り崩して収益事業に係る損失の補塡や収益事業に係る費用の支出に充当するようなときに，基金として区分経理された入会金等はその取崩しの時における収益事業に係る収益の額に算入され，法人税の課税所得を構成することとなります。

●法人税基本通達

（遊技所業の範囲）

15－1－54　令第5条第1項第27号《遊技所業》の遊技所業とは，野球場，テニスコート，ゴルフ場，射撃場，釣り堀，碁会所その他の遊技場を設け，これをその用途に応じて他の者に利用させる事業（席貸業に該当するものを除く。）をいい，いわゆる会員制のものが含まれる。

（公益法人等が収入したゴルフクラブの入会金）

15－2－13　公益法人等又は人格のない社団等であるゴルフクラブがその会員となる者から収入した入会金（当該会員が脱退する場合にこれを返還することが，その定款，規約等において明らかなもの及び会員から預った一種の保証金等に類する性格を有するものを除く。）の額は，その収益事業に係る益金の額に算入するのであるが，当該公益法人等又は人格のない社団等がその入会金の全部又は一部に相当する金額を基金等として特別に区分経理した場合には，その区分経理をした金額は，収益事業に係る益金の額に算入しないことができる。この場合において，当該公益法人等又は人格のない社団等がその基金等として特別に区分経理をしている金額の全部又は一部に相当する金額を取り崩して収益事業に係る損失の補塡に充て，又はゴルフ場施設の修理費その他収益事業に係る費用の支出に充てたときは，その補塡等に充てた金額は，当該事業年度の収益事業に係る益金の額に算入する。

（注）　会員の名義変更に当たって収受する名義書替料等の額は，収益事業に係る益金の額に算入するのであるから留意する。

Q45　収益事業の判定⑳〜講習会・セミナーは収益事業に該当しますか？　（㉚技芸教授業）

> 当法人は講習会・セミナーを行う非営利型一般法人です。すべての講習会・セミナーが法人税法上の収益事業に該当しますか？

A ··

SUMMARY　講習会事業が収益事業に該当するか否かにあたっては，まず法人税法施行令が掲げる34事業のうち，「技芸の教授」に該当するか否かで判断することになります。

　㉚技芸教授業とは，技芸の教授，学力の教授及び公開模試学力試験を行う事業をいい，通信教育による技芸又は学力の教授及び技芸に関する免許の付与その他これに類する行為が含まれます。

　技芸の教授とは，以下の22種類をいいます。

①洋装	⑨茶道	⑰書道
②和装	⑩生花	⑱写真
③着物着付け	⑪演劇	⑲工芸
④編物	⑫演芸	⑳デザイン
⑤手芸	⑬舞踊	㉑自動車の操縦
⑥料理	⑭舞踏	㉒小型船舶の操縦
⑦理容	⑮音楽	
⑧美容	⑯絵画	

　上記の技芸の範囲には一般教養は含まれていないため，一般教養関係の講習会は原則として収益事業には該当しません。公益法人等では，上記22以外の内容を講習会の内容としていることが多いと思われますが，上記22の技芸の範囲に該当しない限り，法人税法上の収益事業には該当しません。例えば，語学教室やパソコン教室，スポーツ教室，囲碁・将棋教室，簿記教室，一般教養教室などがあげられます。

Reference　法令5①三十

単に一般教養などの教授だけを単独で行う場合には，(30)技芸教授業として課税されることは考えられません。

しかし，技芸の教授若しくは免許の付与等の一環として，又はこれらに付随して行われる講習会等は，たとえ一般教養の講習をその内容とするものであっても，技芸の教授に含まれます。

また，これら技芸の教授又は免許の付与などの一環として行われる一般教養の講習会に関しては，それぞれ別人格の公益法人等によって行われる場合であっても，その一体性に着目して，いずれも法人税法上の収益事業として課税の対象となりますので，ご注意ください。

なお，自主開催ではなく(10)請負業として開催する場合は，(10)請負業として収益事業課税の対象となるので，注意が必要です。

次の図表は，講習会事業の法人税法上の収益事業の判定についてまとめたものです。

■ 講習会事業と法人税法上の収益事業

法人類型	区分		技芸の教授に該当する	技芸の教授に該当しない
公益法人	公益目的事業		【非収益事業】公益法人等の公益目的事業は，たとえ技芸の教授であっても収益事業から除外される	【非収益事業】
	収益事業等	収益事業	【収益事業】	
		共益事業		
非営利型法人の一般法人（移行法人）	実施事業	公益目的事業	【収益事業】たとえ公益目的事業であっても収益事業となる	
		継続事業		
	その他事業		【収益事業】	

　基本的には，講習会事業が技芸の教授に該当するか否かで収益事業か否かを判定しますが，仮に技芸の教授に該当する場合であっても，公益法人が行う公益目的事業に含まれている場合は，収益事業から除かれます。

　なお，収益事業から除かれる公益目的事業はあくまで認定法上公益法人が行う公益目的事業であるため，非営利型法人の一般法人（移行法人）が行う公益目的事業は，原則通り技芸の教授に該当するか否かを判定します。

●法人税法施行令5条1項30号

> （収益事業の範囲）
> 洋裁，和裁，着物着付け，編物，手芸，料理，理容，美容，茶道，生花，演劇，演芸，舞踊，舞踏，音楽，絵画，書道，写真，工芸，デザイン（レタリングを含む。），自動車操縦若しくは小型船舶（船舶職員及び小型船舶操縦者法（昭和26年法律第149号）第2条第4項（定義）に規定する小型船舶をいう。）の操縦（以下この号において「技芸」という。）の教授（通信教育による技芸の教授及び技芸に関する免許の付与その他これに類する行為を含む。以下この号において同じ。）のうちイ及びハからホまでに掲げるもの以外のもの又は学校の入学者を選抜するための学力試験に備えるため若しくは学校教育の補習のための学力の教授（通信教育による当該学力の教授を含む。以下この号において同じ。）のうちロ及びハに掲げるもの以外のもの若しくは公開模擬学力試験（学校の入学者を選抜するための学力試験に備えるため広く一般に参加者を募集し当該学力試験にその内容及び方法を擬して行われる試験をいう。）を行う事業

Q46 収益事業の判定㉑〜サッカー教室は収益事業に該当しますか？（㉚技芸教授業）

当法人は非営利型一般法人です。サッカー教室を行っていますが，法人税法上の収益事業に該当しますか？

A ....

SUMMARY サッカー教室が収益事業に該当するか否かにあたっては，まず法人税法施行令が掲げる34事業のうち，「㉚技芸の教授」（以下の22種類）に該当するか否かで判断することになります。

①洋装　　　⑨茶道　　　⑰書道
②和装　　　⑩生花　　　⑱写真
③着物着付け　⑪演劇　　　⑲工芸
④編物　　　⑫演芸　　　⑳デザイン
⑤手芸　　　⑬舞踊　　　㉑自動車の操縦
⑥料理　　　⑭舞踏　　　㉒小型船舶の操縦
⑦理容　　　⑮音楽
⑧美容　　　⑯絵画

　上記の技芸の範囲にはサッカー教室は含まれていないため，収益事業には該当しません。

Reference 法令5①三十

DETAIL

　サッカー教室等のスポーツの指導，語学，パソコン，会計・簿記等の指導も収益事業には該当しません。ただし，クラブや教室が行う指導以外の事業が，⑴物品販売業，㉖興行業等の収益事業に該当する場合があるので，注意が必要です。例えば，クラブが販売するTシャツやグッズは⑴物品販売業に該当する可能性があります。

Q47　収益事業の判定㉒〜駐車場業は収益事業に該当しますか？（㉛駐車場業）

　当法人は指定管理事業として駐車場業をする公益法人です。法人税法上の収益事業にあたる㉛駐車場業として法人税の対象になるのでしょうか？

A

SUMMARY　法人税法上で収益事業であっても，認定法に基づき，公益認定等委員会で公益目的事業と認定されることもあります。税法上の判定と認定法上の判定は別物です。認定法において公益目的事業と認定された場合には，税法上も公益目的事業として収益事業からは除外されます。

Reference　法令 5 ②一

DETAIL

　駐車場は，その事業だけを見ると公益目的事業として説明は難しいですが，公益法人の公益目的事業の付随事業として説明をし，他の事業とグルーピングすることで事業単位として公益性を説明することで，公益目的事業として認定されている事例があります。

　公園や動物園の運営をしている公益法人の有料駐車場事業で，公益目的施設運営の一環として，施設利用者の利便を図るための事業であるとして公益目的事業に認定されている事例もあります。なお以下の認定事例のように指定管理業務として受託している駐車場事業を他の事業とグルーピングせずに，公益目的事業として認定されている事例もあります。

《公益財団法人丸亀市福祉事業団》

- 公益目的事業　道路交通の円滑化及び商業の振興
- 指定管理者として丸亀市栄駐車場を運営しています。有料ですが，市民会館利用者を対象とした割引回数券を販売しています。

Q48 収益事業の判定㉓〜広告宣伝事業は収益事業に該当しますか?(付随行為)

非営利型一般社団法人である当法人は,会員のために広告宣伝事業を行っています。法人税法上の収益事業である34業種には広告宣伝事業はないので,収益事業として法人税が課税されることはないでしょうか?

A ....

SUMMARY 例えば,次の①〜④のように,収益事業の事業活動の一環として,又はこれに関連して行われる行為は,収益事業に含まれます。

① 収益事業で⑿出版業を行っている場合のその出版に関係する講演会
② 収益事業で⑿出版業を行っている場合のその出版物に掲載する広告
③ 収益事業で㉚技芸教授業を行っている場合にその受験生への教科書・教材等の販売
④ 収益事業で㉚技芸教授業を行っている場合のその技芸に関するバザー

(Reference) 法令5,法基通15-1-6

DETAIL

法人税が課税される公益法人等の営む収益事業には,「その性質上その事業に付随して行われる行為を含む」とされています。例えば,以下に掲げる行為のように,通常その収益事業に係る事業の一環として,又はこれに関連して行われる行為をいいます(法基通15-1-6)。

① 出版業を営む公益法人等が行う,その出版に係る業務に関係する講演会の開催又は当該業務に係る出版物に掲載する広告の引受け
② 技芸教授業を行う公益法人等が行う,その技芸の教授に係る教科書その他これに類する教材の販売及びバザーの開催
③ 旅館業又は料理店業を行う公益法人等が,その旅館等において行う会議等のための席貸し

④　興行業を行う公益法人等が，放送会社に対しその興行に係る催し物の放送をすることを許諾する行為

⑤　公益法人等が，収益事業から生じた所得を預金や有価証券等に運用する行為

⑥　公益法人等が，収益事業に属する固定資産等を処分する行為

このため，収益事業に該当しない場合の非収益事業においても同様に，「その性質上その事業に付随して行われる行為」から生じた行為については，収益事業に該当しないと解されています。例えば，特定資格の会員向けの会報に掲載する広告の事業は出版物が⑿出版業に該当しないので（「**Q35**　収益事業の判定⑩～出版事業は収益事業に該当しますか？　⑿出版業)」参照)，収益事業に該当しません。

しかし，その非収益事業と併せて行われる行為であっても，それが独立した事業であると認められるような場合には，その行為は単独で収益事業として法人税が課税されます。

●法人税法施行令

（収益事業の範囲）
第 5 条　法第 2 条第13号（定義）に規定する政令で定める事業は，次に掲げる事業（その性質上その事業に付随して行われる行為を含む。）とする。

●法人税基本通達

（付随行為）
15－1－6　令第 5 条第 1 項《収益事業の範囲》に規定する「その性質上その事業に附随して行われる行為」とは，例えば次に掲げる行為のように，通常その収益事業に係る事業活動の一環として，又はこれに関連して行われる行為をいう。
　(1)　出版業を行う公益法人等が行うその出版に係る業務に関係する講演会の開催又は当該業務に係る出版物に掲載する広告の引受け
　(2)　技芸教授業を行う公益法人等が行うその技芸の教授に係る教科書その他

　　これに類する教材の販売及びバザーの開催
　（注）　教科書その他これに類する教材以外の出版物その他の物品の販売に係
　　　る収益事業の判定については，15-1-10に定めるところによる。
　⑶　旅館業又は料理店業を行う公益法人等がその旅館等において行う会議等
　　のための席貸し
　⑷　興行業を行う公益法人等が放送会社に対しその興行に係る催し物の放送
　　をすることを許諾する行為
　⑸　公益法人等が収益事業から生じた所得を預金，有価証券等に運用する行
　　為
　⑹　公益法人等が収益事業に属する固定資産等を処分する行為

Q49　収益事業の判定㉔〜収益事業の用に供されていた固定資産を売却した場合（付随行為）

当法人は収益事業としてお茶の製造販売を行ってきた公益社団法人ですが，製造の用に供していた機械を売却することになりました。売却により生じる収益・費用は課税対象ですか？

A ··

SUMMARY ▷　収益事業に属する固定資産等を譲渡，除却したことにより生じる収益・費用は収益事業の付随行為として課税されるのが原則です。これは，収益事業にかかる資産として保有していた有価証券の譲渡などによる損益についても同様です。

Reference　法基通15- 1 - 6(6)・15- 2 -10

●**法人税基本通達**

（付随行為）
15- 1 - 6　令第 5 条第 1 項《収益事業の範囲》に規定する「その性質上その事業に附随して行われる行為」とは，例えば次に掲げる行為のように，通常その収益事業に係る事業活動の一環として，又はこれに関連して行われる行為をいう。
(6)　公益法人等が収益事業に属する固定資産等を処分する行為

DETAIL ▷

ただし，その処分損益が収益事業による所得（インカム・ゲイン）ではなく，明らかに過去の固定資産の値上がり益（キャピタル・ゲイン）であると認められる場合には，課税対象とするか否かを法人が選択できる（法基通15- 2 -10）。こちらについては「**Q50**　収益事業の判定㉕〜収益事業を廃止する際，固定資産を売却し売却益が生じた場合（付随行為）」をご参照ください。

Q50 収益事業の判定㉕〜収益事業を廃止する際，固定資産を売却し売却益が生じた場合（付随行為）

当法人は収益事業としてお茶の製造販売を行ってきた公益社団法人ですが，先般この事業の廃止の決定が総会において承認され，現在撤退処理を行っています。

その過程で，製造の用に供していた機械を同業他社が帳簿価額より相当高く買い取ってくれることになりました。

この売却益について，収益事業の益金に算入されますか？

A ....

SUMMARY 収益事業の益金に算入するか否かは，法人の選択となります。

Reference 法令138①，法基通15- 1 -12・15- 2 -10

DETAIL

収益事業において利用している固定資産を売却した場合，通常はそこから生じた売却益又は売却損は益金又は損金の額に算入されます。

しかし，同じ公益法人等の固定資産でありながらも収益事業の用に供しているか否かで課税上の取扱いが異なるというのは，制度施行上も不均衡が生ずることになります。そこで，次の 2 つのケースに該当する場合には，当該売却益又は売却損（当該事業年度において 2 以上の固定資産の処分があるときは，そのすべてに係る損益）は益金又は損金の額に算入しないことができます（法基通15- 2 -10）。

(1) 相当期間にわたり固定資産として保有していた土地（借地権を含む），建物又は構築物につき譲渡（法令138①（借地権の設定等により地価が著しく低下する場合の土地等の帳簿価額の一部の損金算入）の規定の適用がある借地権の設定を含む），除却その他の処分をした場合におけるその処分をしたことによる損益（法基通15- 1 -12（不動産販売業の範囲）のた

だし書の適用がある部分を除く）

(2)　(1)のほか，収益事業の全部又は一部を廃止してその廃止に係る事業に属する固定資産につき譲渡，除却その他の処分をした場合におけるその処分をしたことによる損益

　上記(1)は，現行の収益事業課税は，いわゆるキャピタル・ゲインについては，所有者である公益法人等の直接的な事業活動により獲得されたものではなく単に他律的要因により生じた値上がり益に過ぎないことから，原則としてこれを課税対象とはしないという建前がとられています。よって，たとえ収益事業用の土地や家屋であっても，それが相当長期にわたり保有されたものであるため，その譲渡益が主としてキャピタルゲインであることが明らかである場合には，収益事業課税の限界を超えるものとして課税対象とはしないという趣旨によるものです。

　(2)の取扱いは，収益事業の用に供されていた固定資産に係る処分損益のうち，その収益事業の全部又は一部を廃止したことにより生じたものについては，当該事業の廃止に伴う一種の清算損益であると考えられていることから設けられたといえます。

　お尋ねの機械の売却益については，(2)に該当するため，売却益を収益事業の益金に算入することもしないこともできます。

　収益事業の全部又は一部を廃止する場合，収益事業に利用していた固定資産の売却処分等から生じた損益を収益事業に含めるか否かは，法人の任意となります。その選択については，事業計画を立てる際に考慮に入れておく必要があります。

　なお，当該事業年度において2以上の固定資産の処分があるときは，そのすべてに係る損益について，同じ選択をする必要があります。

補足〜相当期間とは？〜

　上記法人税基本通達15-2-10の(1)における「相当期間にわたり〜」の相当期間とはどのように判断すれば良いか迷うところです。この点を明確にする法

令や通達は存在しませんが,『法人税基本通達逐条解説』(税務研究会出版局)には,「おおむね10年以上にわたって保有していた固定資産がこれに当たると解してよい」との解説があります。

●法人税基本通達

(収益事業に属する固定資産の処分損益)

15−2−10　公益法人等又は人格のない社団等が収益事業に属する固定資産につき譲渡,除却その他の処分をした場合におけるその処分をしたことによる損益は,原則として収益事業に係る損益となるのであるが,次に掲げる損益(当該事業年度において2以上の固定資産の処分があるときは,その全てに係る損益とする。)については,これを収益事業に係る損益に含めないことができる。

(1)　相当期間にわたり固定資産として保有していた土地(借地権を含む。),建物又は構築物につき譲渡(令第138条第1項《借地権の設定等により地価が著しく低下する場合の土地等の帳簿価額の一部の損金算入》の規定の適用がある借地権の設定を含む。),除却その他の処分をした場合におけるその処分をしたことによる損益(15−1−12《不動産販売業の範囲》のただし書の適用がある部分を除く。)

(2)　(1)のほか,収益事業の全部又は一部を廃止してその廃止に係る事業に属する固定資産につき譲渡,除却その他の処分をした場合におけるその処分をしたことによる損益

(不動産販売業の範囲)

15−1−12　公益法人等が土地(借地権を含む。以下15−1−12において同じ。)を譲渡するに当たって当該土地に集合住宅等を建築し,又は当該土地につき区画形質の変更を行った上でこれを分譲する行為は,原則として令第5条第1項第2号《不動産販売業》の不動産販売業に該当するのであるが,当該土地が相当期間にわたり固定資産として保有されていたものであり,かつ,その建築又は変更から分譲に至る一連の行為が専ら当該土地の譲渡を容易にするために行われたものであると認められる場合には,当該土地の譲渡は,不動産販売業に該当しないものとする。ただし,その区画形質の変更により付加された価値に対応する部分の譲渡については,この限りでない。

Q51　収益事業の判定㉖〜非収益事業の用に供されていた廃材を有償で引き取ってもらう場合（付随行為）

　公益社団法人である当法人は，当法人の活動内容等を広報するため，希望者に無償で配布する書籍及びパンフレット等を，自社の施設及び設備にて印刷と製本を行っています。従来，その書籍等を印刷する際に使用したアルミニウム製の印刷版（以下「アルミ板」といいます）については，使用済みのアルミ板は廃棄してきましたが，今後専門業者に有償で引き取ってもらうこととなりました。受け取るその処分代金は，単独で収益事業として法人税が課税されるのでしょうか？

A ···

SUMMARY　貴法人の行う，書籍及びパンフレット等を自社の施設及び設備にて印刷と製本を行って，これらを希望者に無償で配布する行為が，法人税法上の収益事業に該当しない場合には，その使用済みアルミ板を引き取られる際に受領する対価についても，法人税法上の収益事業には該当しないと考えられます。

Reference　法令 5

DETAIL

　ここで，有償で使用済みアルミ板を引き取ってもらう行為が，法人税法上の収益事業である「(1)物品販売業」に該当するのではと考えられるかもしれません。ですが，ご質問の場合のように，貴法人の行う書籍及びパンフレット等を自社の施設及び設備にて印刷と製本を行って，これらを希望者に無償で配布する行為は，貴法人の活動内容等を広報する目的のため当初から対価を受領することを予定しないで行うものであり，その書籍等の印刷に必須の材料として取得するアルミ板については，印字のために使用し，その使用済みのアルミ板の廃棄，売却等の処分行為は，書籍及びパンフレット等を自社の施設及び設備において印刷及び製本の一環として必然的に生じるものですから，その性質上そ

の事業に付随して行われる行為に該当すると考えられます。

　また，そのアルミ板は，販売する目的で取得したものでありませんので，この使用済みアルミ板の譲渡による処分行為は独立した事業とは認められず，法人税法の収益事業である「⑴物品販売業」には該当しないと考えられます。

　そうすると，貴法人の行う事業が上記の通り法人税法上の収益事業に該当しない場合には，その使用済みアルミ板を引き取られる際に受領する対価についても，法人税法上の収益事業には該当しないと考えられます。

　なお，非収益事業に属する資産の譲渡を行った場合でも，それが国内における課税資産の譲渡等に該当する限り，事業者である公益法人等が行ったものについて消費税の課税の対象となりますので注意が必要です。

● **法人税法施行令**

（収益事業の範囲）
第5条　法第2条第13号（定義）に規定する政令で定める事業は，次に掲げる
　事業（その性質上その事業に付随して行われる行為を含む。）とする。

Q52　収益事業の判定㉗～預貯金に係る受取利息に対する課税①（付随行為）

当法人は公益法人です。収益事業の預金口座における利息金額については，法人税の課税対象となりますか？　また，普通法人や一般法人と同様に所得税及び復興特別所得税が源泉徴収されますか？

A

SUMMARY

法人税

原則として収益事業の付随行為となり，課税の対象となりますが，区分経理することにより，収益事業の付随行為に含めないことができます。

源泉徴収

貴法人の登記簿謄本等を金融機関に提出することにより，源泉徴収はされなくなります。

Reference　法基通15-1-6(5)・15-1-7，所法11①

DETAIL

（1）法人税

公益法人等が収益事業から生じた所得を預金に運用する行為は，原則として収益事業の付随事業として，法人税の課税の対象となります（法基通15-1-6(5)）。

ただし，収益事業の運営のために通常必要と認められる金額に見合うもの以外のものにつき非収益事業に属する資産として区分経理したときは，収益事業の付随行為に含めないことができます（法基通15-1-7）。

（2）源泉徴収

公益法人の預貯金口座における利息金額については，その口座が収益事業のものであったとしてもすべて非課税（復興特別所得税額0.315％を含めた所得

税額15.315％の源泉徴収はされない）とされています。ただし，非課税の適用を受けるためには，当該法人の登記簿謄本等を金融機関に提出しなければいけません。

　上記の取扱いは，非営利型一般法人は含まれません（所法11①・別表第１）。

　なお，上記手続を行わなかったため，受取利息から所得税額等が源泉徴収された場合であっても，収益事業に係る法人税申告において，非収益事業又はこれに属する預貯金から生ずる受取利息に課される所得税額等については，所得税額控除として控除することはできません（法法68②）。

　非課税の適用を失念し，収益事業のみならず非収益事業又はこれに属する預貯金から生ずる受取利息に源泉徴収されてしまうミスが散見されるところです。

● 法人税基本通達

（付随行為）

15－1－6　令第５条第１項《収益事業の範囲》に規定する「その性質上その事業に附随して行われる行為」とは，例えば次に掲げる行為のように，通常その収益事業に係る事業活動の一環として，又はこれに関連して行われる行為をいう。

　(5)　公益法人等が収益事業から生じた所得を預金，有価証券等に運用する行為

（収益事業の所得の運用）

15－1－7　公益法人等が，収益事業から生じた所得を預金，有価証券等に運用する場合においても，当該預金，有価証券等のうち当該収益事業の運営のために通常必要と認められる金額に見合うもの以外のものにつき収益事業以外の事業に属する資産として区分経理をしたときは，その区分経理に係る資産を運用する行為は，15－1－6にかかわらず，収益事業に付随して行われる行為に含めないことができる。

　(注)　この場合，公益法人等（人格のない社団等並びに非営利型法人及び規則第22条の４各号に掲げる法人を除く。）のその区分経理をした金額については，法第37条第５項《公益法人等のみなし寄附金》の規定の適用がある。

●所得税法

> （公共法人等及び公益信託等に係る非課税）
>
> 第11条　別表第一に掲げる内国法人が支払を受ける第174条各号（内国法人に係る所得税の課税標準）に掲げる利子等，配当等，給付補填金，利息，利益，差益及び利益の分配（貸付信託の受益権の収益の分配にあつては，当該内国法人が当該受益権を引き続き所有していた期間に対応する部分の額として政令で定めるところにより計算した金額に相当する部分に限る。）については，所得税を課さない。

■所得税法別表第1　公共法人等の表から抜粋

別表第一　公共法人等の表（第四条，第十一条，第七十八条，附則第三十六条関係）

名称
委託者保護基金
医療法人（社会医療法人に限る。）
沖縄振興開発金融公庫
外国人技能実習機構
貸金業協会
学校法人
株式会社国際協力銀行
株式会社日本政策金融公庫
企業年金基金
企業年金連合会
危険物保安技術協会
行政書士会
漁業共済組合
漁業共済組合連合会
漁業信用基金協会
漁船保険組合
勤労者財産形成基金
軽自動車検査協会
健康保険組合

健康保険組合連合会
原子力損害賠償・廃炉等支援機構
原子力発電環境整備機構
高圧ガス保安協会
広域的運営推進機関
広域臨海環境整備センター
公益財団法人
公益社団法人
更生保護法人
港務局
小型船舶検査機構
国家公務員共済組合
国家公務員共済組合連合会
国民健康保険組合
国民健康保険団体連合会
国民年金基金
国民年金基金連合会
国立大学法人
市街地再開発組合
自動車安全運転センター
司法書士会
社会福祉法人
社会保険診療報酬支払基金
社会保険労務士会
宗教法人
住宅街区整備組合
酒造組合
酒造組合中央会
酒造組合連合会
酒販組合
酒販組合中央会
酒販組合連合会
商工会

商工会議所
商工会連合会
商工組合（組合員に出資をさせないものに限る。）
商工組合連合会（会員に出資をさせないものに限る。）
使用済燃料再処理機構
商品先物取引協会
消防団員等公務災害補償等共済基金
職員団体等（法人であるものに限る。）
職業訓練法人
信用保証協会
水害予防組合
水害予防組合連合
生活衛生同業組合（組合員に出資をさせないものに限る。）
生活衛生同業組合連合会（会員に出資をさせないものに限る。）
税理士会
石炭鉱業年金基金
船員災害防止協会
全国健康保険協会
全国市町村職員共済組合連合会
全国社会保険労務士会連合会
損害保険料率算出団体
大学共同利用機関法人
地方競馬全国協会
地方公共団体
地方公共団体金融機構
地方公共団体情報システム機構
地方公務員共済組合
地方公務員共済組合連合会
地方公務員災害補償基金
地方住宅供給公社
地方税共同機構
地方道路公社
地方独立行政法人

中央職業能力開発協会
中央労働災害防止協会
中小企業団体中央会
投資者保護基金
独立行政法人（財務大臣が指定をしたものに限る。）
土地開発公社
土地改良区
土地改良区連合
土地改良事業団体連合会
土地家屋調査士会
土地区画整理組合
都道府県職業能力開発協会
日本行政書士会連合会
日本勤労者住宅協会
日本下水道事業団
日本公認会計士協会
日本司法支援センター
日本司法書士会連合会
日本商工会議所
日本消防検定協会
日本私立学校振興・共済事業団
日本税理士会連合会
日本赤十字社
日本中央競馬会
日本電気計器検定所
日本土地家屋調査士会連合会
日本年金機構
日本弁護士連合会
日本弁理士会
日本放送協会
日本水先人会連合会
認可金融商品取引業協会
農業共済組合

農業共済組合連合会
農業協同組合連合会（財務大臣が指定をしたものに限る。）
農業信用基金協会
農水産業協同組合貯金保険機構
負債整理組合
弁護士会
保険契約者保護機構
水先人会
輸出組合（組合員に出資をさせないものに限る。）
輸入組合（組合員に出資をさせないものに限る。）
預金保険機構
労働組合（法人であるものに限る。）
労働災害防止協会

Q53 収益事業の判定㉘〜預貯金に係る受取利息に対する課税②（付随行為）

> 当法人は収益事業を営んでいない公益法人です。預金口座における利息金額については，法人税の課税対象となりますか？　また，普通法人や一般法人と同様に所得税及び復興特別所得税が源泉徴収されますか？

A

SUMMARY

法人税

　原則，非課税になります。

源泉徴収

　収益事業の有無にかかわらず，源泉徴収はされません。

Reference 　法基通15-1-7，所法11①

DETAIL

　収益事業を営んでいない公益法人は支払を受ける利子，配当に係る法人税は非課税になり，源泉徴収もされません。一方で，非営利型一般法人は，普通法人と同様に，この取扱いの適用はありません。

　なお，利子や配当等が法人税の課税対象となる場合には，その源泉所得税については，所得税額控除の適用があります。したがって非営利型一般法人が法人税法上の収益事業を行って，相当額の法人税が発生すれば，その法人税の額からその収益事業に属する源泉所得税を控除できますが，法人税法上の収益事業を行っていないときは，源泉所得税が課税されるのみで控除できないことになっています。

Q54　収益事業の判定㉙〜収益事業を営む公益法人等が受け取る配当に対する課税（付随行為）

　当法人は，従前から収益事業を営む公益財団法人です。上場株式Ａ社の株式を有しており，同社から毎年配当金の支払を受けていますが，この配当金は法人税の課税対象となりますか？　また，普通法人や一般法人と同様に所得税及び復興特別所得税が課税されますか？

A ···

SUMMARY

法人税

　原則として収益事業の付随行為となり，課税の対象となりますが，区分経理することにより，収益事業の付随行為に含めないことができます。

源泉徴収

　収益事業の有無にかかわらず，源泉徴収はされません。

Reference　法基通15-1-7，所法11①

DETAIL

源泉徴収

　一般的に，法人に対する源泉徴収税額は，法人税の前払と解されています。

　ところが，法人税法別表第二に掲げる公益法人等については，その収益事業に対してのみ法人税が課税されることになっており，法人に対する所得税及び復興特別所得税の源泉徴収を法人税の前払とする考え方を徹底すれば，これらの者が受け取る配当のうち，収益事業部門に属するものについてのみ源泉徴収がされるべきとも考えられます。

　しかし，源泉徴収義務者が，配当の支払の都度，いちいちそれが収益事業部門に帰属するものであるか否かを確認するというのは非現実的であることから，所得税法11条別表第一に掲げる公共法人等が受け取る配当については，所得税及び復興特別所得税の源泉徴収はされないこととしています。

Q55　収益事業の判定㉚～病院における給食事業

　当公益財団法人は，独立行政法人Ａ大学が経営する附属病院における患
者給食の提供を主たる目的として今般設立され，当該附属病院における医
療の一環として患者給食の提供を行っております。病院における医療の一
環として行われる患者のための給食事業は，法人税法上の収益事業には該
当しないと理解して宜しいでしょうか？
　なお，上記事業以外の事業は行っておりません。

A ....

SUMMARY　貴法人は，㉙医療保健業を営む公益法人等ではありませんが，国
等の経営する病院における患者給食を主たる目的として設立された公益法人等に該
当し，医療の一環として専らその病院の患者のために給食の提供を行っていると認
められますので，貴法人の営む事業は収益事業に該当しません。

Reference　法基通15-1-58

DETAIL

　収益事業に該当しない㉙医療保健業に係る医療の一環として行われる患者の
ための給食であっても，その給食が当該㉙医療保健業を行う公益法人等以外の
公益法人等によって行われている場合には，当該給食に係る事業は上記収益事
業に該当しない㉙医療保健業には含まれず，収益事業として法人税の課税対象
となります。

　ただし，国等又は収益事業に該当しない㉙医療保健業を行う公益法人等の経
営する病院における患者給食を主たる目的として設立された公益法人等が，こ
れらの病院における医療の一環として専らその病院の患者のために行う給食は，
収益事業に該当しないものとされています（法基通15-1-58）。

　上記通達は，公益法人等の行う事業が法人税法上の収益事業に該当しない場
合には，その事業に付随して行われる行為から生ずる所得についても，本体と

同様に収益事業には該当しないという考え方から，医療法人等を行う公益法人等が，その㉙医療保健業の一環として行う患者のための給食の提供は，その㉙医療保健業の付随行為であるので，本体の㉙医療保健業が収益事業として課税されないのであれば，これに付随して実施される給食の提供についても課税されないということを前提としたものです。

　貴法人は，㉙医療保健業を営む公益法人等ではありませんが，独立行政法人Ａ大学は国等に該当し，Ａの経営するＡ大学附属病院における患者給食を主たる目的として設立され，医療の一環として専らＡ大学附属病院の患者のために給食の提供を行っています。本体の㉙医療保健業が収益事業として課税されないのであれば，これに付随して実施される給食の提供についても課税されないという上記通達により，貴法人の営む事業は収益事業に該当されないこととなっています。

　ご注意いただきたいのは，病院における医療の一環として行われる患者のための給食事業は無条件に法人税法上の収益事業に該当しないというわけではないということです。本体事業である㉙医療保健業が収益事業に該当しないのであれば，患者への給食の提供も課税されませんが，本体の㉙医療保健業が収益事業として課税されるのであれば，患者への給食の提供も課税されることとなります。

　なお，病院内において経営されるレストランや喫茶店は，医療の一環として行われるものでなく，外来患者の他，見舞客等の一般の顧客を対象とする事業であり，㉙医療保健業の付随行為ではありませんから，法人税法上の収益事業である料理飲食業に該当します。

●**法人税基本通達**

（病院における給食事業）
15－1－58　収益事業に該当しない医療保健業に係る医療の一環として行われる患者のための給食であっても，その給食が当該医療保健業を行う公益法人等以外の公益法人等によって行われている場合には，当該給食に係る事業は

当該医療保健業には含まれないのであるが，国等又は収益事業に該当しない医療保健業を行う公益法人等の経営する病院における患者給食を主たる目的として設立された公益法人等がこれらの病院における医療の一環として専らその病院の患者のために行う給食は，収益事業に該当しないものとする。

(注) 収益事業に該当しない医療保健業を行う公益法人等がその患者を対象として行うものであっても，日用品の販売，クリーニングの取次ぎ，公衆電話サービス業務等の行為は，収益事業に該当することに留意する。

第 4 章

区分経理について

Q56　区分経理①〜理事会で承認された決算書と税務申告書の課税所得が一致しません。なぜですか？

　当法人は非営利型一般法人です。理事会で承認された決算書と税務申告書の課税所得が一致しません。なぜですか？

A ··

SUMMARY

　次の理由が考えられます。
① 会計上の利益と税金計算の所得の違い
② 会計と税金計算で区分方法が異なる
　これらのうち，①については公益法人等に限らず，営利法人でも通常に起こりえます。

　会計上の利益＝収益−費用
　法人税法上の所得＝益金−損金

で計算されますが，収益と益金，費用と損金は，概念は似ていますが計上できるものできないものが異なりますので，結果としての利益と所得は異なってきます。例えば，費用にはなるが損金にならないもの（損金不算入，交際費等），収益にはなるが益金にならない（益金不算入，受取配当金等）が存在します。

　一方，②については，理事会で承認された正味財産増減計算書における会計区分と税務申告で必要とされる区分経理は，目的と区分方法が相違しているためです（ここでは公益法人特有の②について取り扱います）。

Reference　公益認定等ガイドラインⅠ−18⑵①

DETAIL

　次の図表をご参照ください。正味財産増減計算書は法人の活動内容を表すために，また，それぞれの活動ごとの内容を表すために会計区分が設定されています。一方，税務申告における区分経理は税金計算を目的に区分が設定されています。

　会計上の利益は次の図表のプラスとマイナスを，区分ごとに集計します。一方，税金計算上は網掛け以外のプラスとマイナスを集計します。

■公益法人の場合

会計上の区分	公益目的事業	収益事業等		法人会計	
法人税法上の収益事業に該当	しない	する	しない	する	しない
収入・益金	プラス	プラス	プラス	プラス	プラス
費用・損金	マイナス	マイナス	マイナス	マイナス	マイナス（管理費用）

　　　　　　　　　　　　マイナス　　　　　　マイナス

　　　　　　　　　　　　　　　　配賦計算

　さらに，法人会計のマイナスである管理費用を，法人税法上の収益事業に該当する，収益事業等と法人会計の事業に配賦計算します。

　公益法人の公益目的事業は税金計算からすべて除かれますが，非営利型一般法人や，NPO法人の場合は，法人税法等の収益事業に該当する場合は税金計算が必要になりますので，留意が必要です。

■非営利型一般法人・NPO 法人の場合

会計上の区分	法人会計・管理部門 以外のすべての事業		法人会計 管理部門	
法人税法上の 収益事業に該当	する	しない	する	しない
収入・益金	プラス	プラス	プラス	プラス
費用・損金	マイナス	マイナス	マイナス	マイナス (管理費用)

```
        ┌── マイナス ──┐      ┌── マイナス ──┐
              ↑                    ↑              │
        配賦計算
```

●**公益認定等ガイドライン I - 18**

認定法第19条関係＜収益事業等の区分経理＞
(2) ①損益計算書（正味財産増減計算書）は，内訳表において会計を公益目的事業に関する会計（公益目的事業会計），収益事業等に関する会計（収益事業等会計）及び管理業務やその他の法人全般に係る事項（公益目的事業や収益事業等に属さない事項）に関する会計（法人会計）の３つに区分し，更に上記(1)の区分に応じて収益事業等ごとに表示する。内訳表においては公益目的事業も事業ごとに表示する。

Q57 区分経理②～区分経理を行うにあたっては，資産及び負債をも区分する必要がありますか？

公益法人等で法人税法上の収益事業を行うものは，収益事業から生ずる所得に関する経理と非収益事業から生ずる所得に対する経理とを区分して行わなければならないこととされていますが，この区分経理は正味財産増減計算書だけでなく，貸借対照表においても区分する必要がありますか？

A ··

SUMMARY 単に収益及び費用に関する経理だけでなく，資産及び負債に関する経理についても区分を行う必要があります。

Reference 法令6，法基通15-2-1・15-2-5・15-2-14

DETAIL

公益法人等で収益事業を行うものの経理区分における「所得に関する経理」とは，単に収益及び費用に関する経理だけでなく，資産及び負債に関する経理についても，同様にその区分経理を行わなければならないという意味ですので，正味財産増減計算書だけでなく貸借対照表においても区分する必要があります。

ただし，一の資産が収益事業の用と非収益事業の用とに共用されている場合（それぞれの事業ごとに専用されている部分が明らかな場合を除きます）には，当該資産の帳簿価額を2つに分けて，それぞれの事業ごとに区分経理するということは事実上不可能であるといえます。このような共用資産は，非収益事業の貸借対照表に計上し，その償却費その他当該資産について生ずる費用の額を合理的な基準により収益事業に係る部分の金額と非収益事業に係る部分の金額とに区分し，これにより収益事業に係る金額として計算された金額を収益事業に係る費用として正味財産増減計算書上に区分経理することが認められています（法基通15-2-1（注））。実務上は，この方法が主流ですが，収益事業の正味財産増減計算書と貸借対照表の正味財産が一致するように，減価償却費相

当額を元入金で調整します。

　収益事業と非収益事業の費用又は損失の区分経理については，以下のように行います。
　イ　収益事業について直接要した費用又は損失の額は，収益事業に係る費用又は損失の額とする。
　ロ　収益事業と非収益事業とに共通する費用又は損失の額は，以下に掲げる合理的な基準を継続して適用して，収益事業と非収益事業とに配賦を行います（2つ以上の要素を合わせた複合基準も可）。
　　　資産の使用割合
　　　従業員の従事割合
　　　資産の帳簿価額の比
　　　収入金額の比
　　　建物の床面積の比
　　　延利用者数の比
　　　その他当該費用又は損失の性質に応ずる合理的な基準
　（注）　公益法人等の確定申告書には，費用又は損失の区分の適否を税務当局が検証するため，収益事業に係る貸借対照表及び損益計算書だけでなく，非収益事業に係るこれらの書類も添付しなければなりません（法基通15－2－14）。
　ここで重要なのは，上記に掲げた基準は常に一律に用いるというのではなく，収益事業の種類，性質，規模の程度，個々の費用又は損失の性質や内容等に応じて合理的に使い分けることが重要であるということです。
　例えば，償却費については，原則として資産の使用割合により，人件費や福利厚生費などについては従業員の従事割合によって配賦計算するというのが，一般的には合理的と考えられます。また，借入金利子については総資産の帳簿価額比等のいわゆる積数比により配賦するのが合理的であるということになります。

　なお，適用した按分基準については，その算出根拠を明確にしておく必要があります。

　以下の図表は，社会福祉法人会計基準の運用指針にて示されている具体的な科目及び配分方法をまとめたものです。社会福祉法人以外の公益法人等においても参考となるものと考えます。

■運用指針別添1「具体的な科目及び配分方法」

種類	想定される勘定科目	按分基準
人件費	職員給料 職員賞与 賞与引当金繰入 非常勤職員給与 退職給付費用 法定福利費	勤務時間割合により区分。 （困難な場合は以下の方法により配分） 　職種別人員配置割合 　看護・介護職員人員配置割合 　届出人員割合 　延利用者数割合
事業費	介護用品費 医薬品費 診療・療養等材料費 消耗器具備品費	各事業の消費金額により区分。 （困難な場合は以下の方法により配分） 　延利用者数割合 　各事業別収入割合
	給食費	実際食数割合により区分。 （困難な場合は以下の方法により配分） 　延利用者数割合 　各事業別収入割合
事務費	福利厚生費 職員被服費	給与費割合により区分。 （困難な場合は延利用者数割合により配分）
	職員交通費 通信運搬費 諸会費 雑費 渉外費	延利用者数割合 　職種別人員配置割合 　給与費割合
	事務消耗品費 広報費	各事業の消費金額により区分。 （困難な場合は延利用者数割合により配分）
	会議費	会議内容により事業個別費として区分。 （困難な場合は延利用者数割合により配分）

	水道光熱費	メーター等による測定割合により区分。 （困難な場合は建物床面積割合により配分）
	修繕費	建物修繕は当該修繕部分により区分し，建物修繕以外は事業個別費として配分。 （困難な場合は建物床面積割合により配分）
	賃借料 土地建物賃借料	賃貸物件特にリース物件については，その物件の使用割合により区分。 （困難な場合は建物床面積割合により配分）
	保険料	建物床面積割合により配分 自動車関係は送迎利用者数割合又は使用高割合で，損害保険料等は延利用者数割合により配分
	租税公課	建物床面積割合により配分 自動車関係は送迎利用者数割合又は使用高割合で配分
	保守料	保守契約対象物件の設置場所等に基づき事業個別費として配分。 （困難な場合は延利用者数割合により配分）
	業務委託費（寝具）	各事業の消費金額により区分。 （困難な場合は延利用者数割合により配分）
	業務委託費（給食）	延利用者数割合 実際食数割合
	業務委託費（その他）	建物床面積割合 延利用者数割合
	研修研究費	研修内容等，目的，出席者等の実態に応じて，事業個別費として配分。 （困難な場合は延利用者数割合により配分）
減価償却費	建物，構築物等に係る減価償却費	建物床面積割合により区分。 （困難な場合は延利用者数割合により配分）
	車両運搬具，機械装置等に係る減価償却費	使用高割合により区分。 （困難な場合は延利用者数割合により配分）
	その他の有形固定資産，無形固定資産に係る減価償却費	延利用者数割合により区分。

徴収不能額	徴収不能額	各事業の個別発生金額により区分。 （困難な場合は各事業別収入割合により配分）
徴収不能引当金繰入	徴収不能引当金繰入	事業ごとの債権金額に引当金を乗じた金額に基づき配分。 （困難な場合は延利用者数割合により配分）
支払利息	支払利息	事業借入目的の借入金に対する期末残高割合により区分。 （困難な場合は以下の方法により配分） 　借入金が主として土地建物の取得の場合は建物床面積割合 　それ以外は延利用者数割合

　また，以下は『公益認定等ガイドライン』に掲載されている「配賦基準」と，同ガイドラインが公表された当時，筆者が執筆した『公益法人移行成功のシナリオ』に掲げられた「共通費用の配賦基準の例」です。いずれも，従事時間，職員数，面積・容積，使用割合に集約されます。使用割合は，その経費の発生状況により様々な計算方法が考えられます。

■配賦基準

配賦基準	適用される共通費用
建物面積比	地代，家賃，建物減価償却費，建物保険料等
職員数比	福利厚生費，事務用消耗品費等
従事割合	給料，賞与，賃金，退職金，理事報酬等
使用割合	備品減価償却費，コンピューターリース代等

■共通費用の配賦基準の例

科　　目	区　分	例示内容	適正な配賦基準の例
役員報酬	事業費	常務理事の報酬等で，事業のために役務提供した部分	従事割合
	管理費	上記以外の報酬等	従事割合
	管理費	監事の報酬等	

給与手当	事業費	事業に関係している職員の給与手当	従事割合，職員数比
	管理費	上記以外の給与手当	従事割合，職員数比
臨時雇用賃金	事業費	事業に関係しているアルバイト・パート等の賃金	従事割合，職員数比
	管理費	上記以外の賃金	従事割合，職員数比
退職給付費用	事業費	事業に関係している職員の退職金に係る費用	従事割合，職員数比
	管理費	上記以外の退職金に係る費用	従事割合，職員数比
福利厚生費	事業費	事業に関係している職員への福利厚生のための費用	従事割合，職員数比
	管理費	上記以外の福利厚生のための費用	従事割合，職員数比
法定福利費	事業費	事業に関係している職員に係る社会保険料の法人負担額	従事割合，職員数比
	管理費	上記以外の社会保険料の法人負担額	従事割合，職員数比
会議費	事業費	事業の意思決定に係る理事会又は評議員会の開催に係る費用	
	事業費	事業を行うための企画打合わせ等に係る会議費用	
	管理費	社員総会及び上記以外の評議員会の開催に係る費用	
旅費交通費	事業費	事業の現場までの旅費，セミナーの講師の旅費	
通信運搬費	管理費	社員総会の招集通知に係る郵送料	
建物減価償却費	事業費	事業を行うために使用している建物の減価償却費（施設の貸与を行う建物など）	面積割合
	管理費	上記以外の建物の減価償却費	面積割合
備品減価償却費	事業費	事業を行うために使用している備品の減価償却費	使用割合
	管理費	上記以外の備品の減価償却費	使用割合
その他の減価償却費	事業費	事業を行うために必要な資産に係る減価償却費	
	管理費	上記以外の資産に係る減価償却費	
消耗品費	事業費	事業に要する消耗品の購入費	

	管理費	上記以外の消耗品費	
修繕費	事業費	事業に使用している資産に係る修繕費	
印刷製本費	事業費	事業を行うための印刷代等	
	管理費	社員総会の開催に係る印刷代	
燃料費	事業費	事業を行うための車両に係るガソリン代等	
水道光熱費	事業費	事業を行うための建物部分に係る電気料，水道代等	
	管理費	上記以外の水道光熱費	
地代家賃	事業費	事業を行うために借りている土地に係る賃借料	面積割合
	管理費	上記以外の賃借料	面積割合
支払リース料	事業費	事業を行うために使用するコピー機のリース料	使用割合
保険料	事業費	事業を行うために使用している固定資産の火災保険料	面積割合
諸謝金	事業費	事業として行うセミナーの講師等	
租税公課	事業費	事業を行うための資産に係る固定資産税	面積割合
	管理費	役員登記に係る登録免許税	
支払負担金	事業費	事業に使用されることが明らかな上部団体への負担金	
支払助成金	事業費	学生に支払う助成金等	
支払寄附金	事業費	公益事業を行うために支出する寄附金	
	管理費	上記以外の寄附金	
委託費	事業費	事業を行うために必要な外部委託に係る費用	
	管理費	会計監査人の監査報酬等	

●法人税法施行令

（収益事業を行う法人の経理の区分）
第6条　公益法人等及び人格のない社団等は，収益事業から生ずる所得に関する経理と収益事業以外の事業から生ずる所得に関する経理とを区分して行わなければならない。

●法人税基本通達

（所得に関する経理）
15－2－1　令第6条《収益事業を行う法人の経理の区分》の「所得に関する経理」とは，単に収益及び費用に関する経理だけでなく，資産及び負債に関する経理を含むことに留意する。
　（注）　一の資産が収益事業の用と収益事業以外の事業の用とに共用されている場合（それぞれの事業ごとに専用されている部分が明らかな場合を除く。）には，当該資産については，収益事業に属する資産としての区分経理はしないで，その償却費その他当該資産について生ずる費用の額のうち収益事業に係る部分の金額を当該収益事業に係る費用として経理することになる。

（費用又は損失の区分経理）
15－2－5　公益法人等又は人格のない社団等が収益事業と収益事業以外の事業とを行っている場合における費用又は損失の額の区分経理については，次による。
　(1)　収益事業について直接要した費用の額又は収益事業について直接生じた損失の額は，収益事業に係る費用又は損失の額として経理する。
　(2)　収益事業と収益事業以外の事業とに共通する費用又は損失の額は，継続的に，資産の使用割合，従業員の従事割合，資産の帳簿価額の比，収入金額の比その他当該費用又は損失の性質に応ずる合理的な基準により収益事業と収益事業以外の事業とに配賦し，これに基づいて経理する。
　（注）　公益法人等又は人格のない社団等が収益事業以外の事業に属する金銭その他の資産を収益事業のために使用した場合においても，これにつき収益事業から収益事業以外の事業へ賃借料，支払利子等を支払うこととしてその額を収益事業に係る費用又は損失として経理することはできないことに留意する。

（公益法人等の確定申告書の添付書類）

15－2－14　公益法人等又は人格のない社団等が法第74条第3項《確定申告書の添付書類》の規定により確定申告書に添付する貸借対照表，損益計算書等の書類には，当該公益法人等又は人格のない社団等が行う収益事業以外の事業に係るこれらの書類が含まれることに留意する。

Q58　区分経理③〜法人税法上の収益事業を行っていない公益法人は, 資産及び負債を区分する必要がありますか？

公益法人等で法人税法上の収益事業を行うものは, 収益事業から生ずる所得に関する経理と非収益事業から生ずる所得に対する経理とを区分して行わなければならないこととされていますが, 法人税法上の収益事業を行っていない公益法人においても区分する必要がありますか？

A

SUMMARY　法人税法上の収益事業を行っていない公益法人においても, 認定法における収益事業等からの利益の繰入れが50％超の場合は, 繰り入れた事業年度末の貸借対照表は, 公益目的事業と認定法における収益事業等に区分経理する必要があります。ここでいう認定法における収益事業等と法人税法上の収益事業とは必ずしも一致しないので, 注意が必要です。

Reference　公益認定等ガイドラインⅠ−18(2)②

●公益認定等ガイドラインⅠ−18

認定法第19条関係＜収益事業等の区分経理＞
　(2)　②貸借対照表は, 収益事業等から生じた収益のうち50％を超えて公益目的事業財産に繰り入れる法人については, 内訳表において会計を公益目的事業に関する会計（公益目的事業会計）, 収益事業等に関する会計（収益事業等会計）及び管理業務やその他の法人全般に係る事項（公益目的事業や収益事業等に属さない事項）に関する会計（法人会計）の3つに区分して表示する。

DETAIL

　公益法人が認定法における収益事業等を行う場合において, どの法人も認定法における収益事業等から生じた利益の50％は公益目的事業財産に繰り入れなければなりませんが, 公益目的事業の財源確保のために必要がある場合には自

発的に50%を超えて繰り入れることができます。そして，利益の繰り入れが
50%か50%超かによって，収支相償の計算方法が変わります。具体的には，図
表の下の利益の繰入れが50%超の場合のとおり，事業費以外に公益目的事業の
ための資金需要としては資産の取得又は改良（資本的支出）があることから，
当期の公益目的保有財産に係る取得支出とその売却収入，及び将来の公益目的
保有財産の取得又は改良に充てるための資産取得資金への積立て額と取崩し額
を公益目的事業に属する会計の費用，収益にそれぞれ加えます（公益目的事業
費には公益目的保有財産に係る減価償却費が含まれていますが，これは財産の
取得支出や資産取得資金の積立て額と機能が重複することから，減価償却費は
控除します）。

収支相償対照表
（収益事業等からの利益の繰入れが50% の場合）

費　用	収　入
公益目的事業に係る 経常費用	公益目的事業に係る 経常収益
	公益に係るその他の経常収益
公益に係るその他の経常費用	公益目的事業に係る 特定費用準備資金取崩し額
公益目的事業に係る 特定費用準備資金積立て額	収益事業等の利益を公益に 繰り入れた額（利益の50%）

収入超過の場合には
公益目的保有財産の取得支出や公益資産取得資金への繰入れ，
翌事業年度の事業拡大等による同額程度の損失とする等
解消するための扱いを説明

収支相償対照表
（収益事業等からの利益の繰入れが50% 超の場合）

費　用	収　入
公益目的事業に係る 経常費用 **（減価償却費を除く）**	公益目的事業に係る 経常収益
	公益に係るその他の経常収益
公益に係るその他の経常費用	公益目的保有財産の売却収入 （簿価＋売却損益）
公益目的保有財産の取得支出	公益目的事業に係る 特定費用準備資金取崩し額 （過去に費用として算入した額の合計額）
公益目的事業に係る 特定費用準備資金積立て額 （（所要資金額－前期末資金残高）／ 積立期間残存年数を限度）	**公益資産取得資金取崩し額** （過去に費用として算入した額の合計額）
公益資産取得資金積立て額 （（所要資金額－前期末資金残高）／ 積立期間残存年数を限度）	収益事業等の利益を公益に 繰り入れた額（利益の100% を上限）

Q59 区分経理④〜収益事業から受け入れた預金等に係る利子等

当公益財団法人では，公益事業部門が収益事業部門から受け入れた金銭について，当分の間使用する予定がなかったので定期預金に預け入れ，公益事業部門の財産として区分経理を行いました。

先日の理事会において，上記定期預金に係る受取利息は，収益事業から生じた利益を源としており収益事業として法人税の課税対象となる意見と，公益事業部門に属する資産として区分経理したのであるからその受取利息は収益事業に係る収益とならず法人税は課税されないという意見が出て，議論の結果結論は出ませんでした。どちらが正しいのでしょうか？

A ....

SUMMARY 収益事業の運営のために通常必要と認められる金額に見合うもの以外のものを，非収益事業に属する資産として区分経理をしたときは，その区分経理した資産を運用する行為は，収益事業の付随行為に含めないことができますので，お尋ねの定期預金に係る受取利息には法人税は課税されません。

（Reference） 法令6，法基通15-1-6(5)・15-1-7・15-2-1

DETAIL

公益法人等が収益事業から生じた所得を預金や有価証券等に運用する行為は，法人税法施行令5条1項かっこ書に掲げられている収益事業の付随行為に該当します（法基通15-1-6(5)）。

しかし，収益事業の運営のために通常必要と認められる金額に見合うもの以外のもの，言い換えれば完全なる余裕資金を，非収益事業に属する資産として区分経理をしたときは，その区分経理した資産を運用する行為は，収益事業の付随行為に含めないことができます（法基通15-1-7）。

したがって，当該預金や有価証券等から生ずる利子，配当等には法人税は課税されません。

　お尋ねの法人のような公益法人では，その資産は本来の公益目的事業のために管理運用されるべきで，収益事業のための資産は，その活動のため通常必要と認められる範囲に限られるべきです。つまり，収益事業から生じた所得によって得た資産でも，収益事業の活動のために必要な範囲を超えるときは，本来の事業のための資産として管理運用されるべきで，当該資産が定期預金や有価証券として管理，運用され，直ちに本来の事業の用に使用されなくても，そのような管理，運用方法が公益法人の採るべき方法だといえます。したがって，ご質問の定期預金を非収益事業に属する資産として区分経理されたときは，その受取利息も当然非収益事業についての収益となり，法人税は課税されません。

　ここで気を付けなければいけないのは，収益事業に含めないことができる運用益は，余裕資金の運用益部分に限定されているという点です。法人税の収益事業課税を回避するために，本来であれば収益事業の運営に必要な預金や有価証券等をも非収益事業に属する資産として区分経理し，その運用益を収益事業から除外することは認められません。そのような処理を行った場合には，原則通り収益事業の付随収入として取り扱われることになります。

　どこまでの範囲を収益事業の運営に通常必要と認められる金額とするかは，個々の公益法人等の状況により判断されることになりますが，それぞれの収益事業の種類や性質，事業内容及び規模といった点を総合的に勘案して合理的になされるべきと考えます。

　ご質問の場合，仮に収益事業に属する資産としたままの経理をしているときは，定期預金の全額が収益事業の運営のために通常必要と認められる範囲内のものとされ，その受取利息は収益事業の付随行為として法人税が課税されます。公益法人等は，収益事業から生ずる所得に関する経理と非収益事業から生ずる所得に関する経理とを区分して行わなければならず（法令6），収益及び費用に関する経理だけでなく，資産及び負債に関する経理も区分しなければならないですので（法基通15－2－1），注意が必要です。

162

●法人税基本通達

（付随行為）

15－1－6　令第5条第1項《収益事業の範囲》に規定する「その性質上その事業に附随して行われる行為」とは，例えば次に掲げる行為のように，通常その収益事業に係る事業活動の一環として，又はこれに関連して行われる行為をいう。

　(5)　公益法人等が収益事業から生じた所得を預金，有価証券等に運用する行為

（収益事業の所得の運用）

15－1－7　公益法人等が，収益事業から生じた所得を預金，有価証券等に運用する場合においても，当該預金，有価証券等のうち当該収益事業の運営のために通常必要と認められる金額に見合うもの以外のものにつき収益事業以外の事業に属する資産として区分経理をしたときは，その区分経理に係る資産を運用する行為は，15－1－6にかかわらず，収益事業に付随して行われる行為に含めないことができる。

　（注）　この場合，公益法人等（人格のない社団等並びに非営利型法人及び規則第22条の4各号に掲げる法人を除く。）のその区分経理をした金額については，法第37条第5項《公益法人等のみなし寄附金》の規定の適用がある。

●法人税法施行令

（収益事業を行う法人の経理の区分）

第6条　公益法人等及び人格のない社団等は，収益事業から生ずる所得に関する経理と収益事業以外の事業から生ずる所得に関する経理とを区分して行わなければならない。

●法人税基本通達

（所得に関する経理）

15－2－1　令第6条《収益事業を行う法人の経理の区分》の「所得に関する経理」とは，単に収益及び費用に関する経理だけでなく，資産及び負債に関する経理を含むことに留意する。

Q60　区分経理⑤～収益事業の預り金を非収益事業のものとして区分
　　　　経理してよいですか？

　　公益社団法人である当法人は，このたび貸ビル業を行うことになりました。それに伴い入居者より保証金として1億円預かり，この保証金に見合う預金については非収益事業のものとして経理しようと考えています。
　　公益法人等が営む⑸不動産貸付業から生じた所得を預金や有価証券に運用する行為は収益事業の付随行為に該当しますので，それらから生じた運用益は収益事業に係る収益となることは認識しておりますが，この預金や有価証券等のすべてを非収益事業に属する資産として区分経理すれば，その運用益はすべて収益事業に付随して行われる行為以外のものであるとして法人税の課税対象とはならないと取り扱って宜しいでしょうか？

A ･･

SUMMARY　収益事業の遂行上通常必要な範囲のものや⑸不動産貸付業の保証金や敷金等（以下，保証金等）に係るものは，非収益事業に属するものとして区分経理を行うことはできないと考えられます。
　また保証金等を預金等する行為は，収益事業の付随行為であると考えられます。

Reference　法基通15-1-7

DETAIL

　公益法人等が，収益事業から生じた所得を預金や有価証券等に運用した場合において，収益事業の付随行為に含めないことができるとされているものは，収益事業の運営のために通常必要と認められる金額に見合うもの以外のものを，非収益事業に属する資産として区分経理をしたものです（法基通15-1-7）。
　上記通達は，公益法人等が収益事業から生じた所得を預金や有価証券等に運用する場合であっても，その預金等のうちその収益事業の運営のために通常必要と認められる金額に見合うもの以外のもの，すなわち，いわゆる余裕資金を

非収益事業に区分経理した上でその運用を行っているときは，その区分経理した資産の運用益は，収益事業の収益とはしないものとして取り扱うという趣旨のものです。仮に収益事業の遂行上通常必要な範囲の資金まで含めて，すべてを非収益事業の資産として区分経理したとしても，その収益事業に通常必要な範囲の資金に係る運用益については，収益事業の付随行為に係る収益として法人税が課せられます。

　また，(5)不動産貸付業における預り保証金や預り敷金等に係る運用益は，その性質上賃貸料の一部であるといえることから，(5)不動産貸付業の付随行為に係る収益とされます。このことから，この保証金や敷金等を預金や有価証券として運用する場合には，これを非収益事業に属する資産として区分経理することは認められません。

　ここで，保証金や敷金等を預かる行為は所得を生じない取引であるので，収益事業から生じた所得を預金や有価証券等に運用した場合とは別に考えるべきでは？という疑問を持たれるかもしれません。

　収益事業の付随行為については法人税が課せられるのですから，保証金や敷金等を預かる行為が付随行為に該当するか検討します。

　収益事業の付随行為については，収益事業の種類及び内容，資金需要の規模や性質などに応じて，合理的かつ総合的に判断することになりますが，(5)不動産貸付業を行う公益法人等が，その事業に係る顧客から預かった資金や保証金を預金や有価証券に運用する場合には，これについて生ずる利子や配当等については，一般的にはその公益法人等の収益事業の付随行為として取り扱われます。

　ご質問にあるように，たとえ貴法人が預かった保証金に見合う預金を非収益事業のものとして区分経理を行っても，その預金利息に係る受取利息は収益事業に係るものとして取り扱われます。

●**法人税基本通達**

（収益事業の所得の運用）

15－1－7　公益法人等が，収益事業から生じた所得を預金，有価証券等に運用する場合においても，当該預金，有価証券等のうち当該収益事業の運営のために通常必要と認められる金額に見合うもの以外のものにつき非収益事業に属する資産として区分経理をしたときは，その区分経理に係る資産を運用する行為は，15－1－6にかかわらず，収益事業に付随して行われる行為に含めないことができる。

（注）　この場合，公益法人等（人格のない社団等並びに非営利型法人及び規則第22条の4各号に掲げる法人を除く。）のその区分経理をした金額については，法第37条第5項《公益法人等のみなし寄附金》の規定の適用がある。

Q61 区分経理⑥〜収益事業に専属する借入金等の利子

主務官庁の指導により公益目的事業の資金の運用方法等が規制されているため，やむを得ず収益事業の事業遂行に必要な資金を借入金で調達しました。この借入金の利子を収益事業の損金に算入することはできますか？

A

SUMMARY 法令の規定や主務官庁の指導等により非収益事業に係る資金の運用方法等が規制されているため，やむを得ず収益事業の事業遂行に必要な資金の全部又は一部を外部からの借入金等により賄っているような場合には，その借入金等の利子の額のうち，収益事業の遂行上通常必要と認められる部分の金額は，収益事業に直接要した費用の額に算入することが認められています（法基通15－2－6）。

Reference 法基通15-2-5(2)・15-2-6

DETAIL

公益法人等が収益事業と非収益事業を行っている場合において，事業資金を調達するために金融機関等から資金を借り入れたときは，その借入れにより生ずる利子については，共通経費として各事業に合理的に配賦することになります（法基通15－2－5(2)）。これは元来，お金に色はついておらず，収益事業の資金として借り入れた場合であっても，その資金を特定の用途に使用したことを証明することは困難であるため，資金繰りに紐付きはないとする考え方が一般的であるからです。

しかし，公益法人等の中には，非収益事業における資金の運用方法が，法令や主務官庁の指導により制限されているケースがあります。このような場合には，収益事業を遂行するにあたり必要な資金を非収益事業から調達することができないため，事業資金確保のために外部からの借入れを行わざるを得ないことになります。このような借入れに係る利子についてまでも，共通経費として収益事業と非収益事業とに配賦しなければならないとするのは，いささか不条

理であるといえます。

　そこで，法令の規定や主務官庁の指導等により非収益事業に係る資金の運用方法等が規制されているため，やむを得ず収益事業の事業遂行に必要な資金の全部又は一部を外部からの借入金等により賄っているような場合には，その借入金等の利子の額のうち，収益事業の遂行上通常必要と認められる部分の金額は，収益事業に直接要した費用の額に算入することが認められています（法基通15-2-6）。

●法人税基本通達

（費用又は損失の区分経理）

15-2-5　公益法人等又は人格のない社団等が収益事業と収益事業以外の事業とを行っている場合における費用又は損失の額の区分経理については，次による。

(2)　収益事業と収益事業以外の事業とに共通する費用又は損失の額は，継続的に，資産の使用割合，従業員の従事割合，資産の帳簿価額の比，収入金額の比その他当該費用又は損失の性質に応ずる合理的な基準により収益事業と収益事業以外の事業とに配賦し，これに基づいて経理する。

（注）　公益法人等又は人格のない社団等が収益事業以外の事業に属する金銭その他の資産を収益事業のために使用した場合においても，これにつき収益事業から収益事業以外の事業へ賃借料，支払利子等を支払うこととしてその額を収益事業に係る費用又は損失として経理することはできないことに留意する。

（収益事業に専属する借入金等の利子）

15-2-6　公益法人等が，法令の規定，主務官庁の指導等により収益事業以外の事業に係る資金の運用方法等が規制されているため，収益事業の遂行上必要な資金の全部又は一部を外部からの借入金等により賄うこととしている場合には，当該借入金等に係る利子の額のうち当該収益事業の遂行上通常必要と認められる部分の金額は，収益事業について直接要した費用の額とすることができる。

　ただし，この規定は公的な規制により資金運用が限られている場合の借入れに限るものとされており，単に公益法人等が任意に設けた内部的な経理基準や収益事業のための特別会計があるというだけでは上記取扱いの適用はないことに注意が必要です。また，必要以上に借入れをし，その利子を意図的に過大とすることにより収益事業の所得を圧縮することは認められないことは言うまでもありません。

　なお，収益事業から非収益事業への内部支払利子や内部支払賃料を費用処理することは認められていません（法基通15－2－5（注））。

第 5 章

みなし寄附金について

Q62　みなし寄附金①

公益法人等に認められているみなし寄附金とはどのようなものですか？

A ···

SUMMARY　みなし寄附金とは，公益法人等が，その収益事業に属する資産のうちからその非収益事業である公益目的事業のために支出した金額がある場合，法人内部の振替であるにもかかわらず，その収益事業に係る寄附金の額とみなして損金算入を認める制度です（法法37⑤）。

Reference　法法37⑤，法基通15-2-4

DETAIL

　上記制度は，本来，収益事業は公益事業を遂行する上においてその資金の不足を補うための行為であり，収益事業から生じた所得の最低50％は公益目的の事業に使用することが認定法上義務付けられていることから設けられたものです。

　ただし，非収益事業から収益事業へその支出金額に見合う金額相当額の元入れがあったものとして区分経理するなど，実質的に収益事業から非収益事業への金銭の支出がなかったと認められるときは，当該区分経理した金額については，みなし寄附金の規定は適用されません（法基通15-2-4）。

　なお，法人税法37条5項に規定する公益法人等には，非営利型一般法人とNPO法人は含まれていないため，当該法人が収益事業に属する資産を非収益事業に属するものとして区分経理を行っても，その区分経理した金額はみなし寄附金とはならず，元入金の返還等として取り扱われます（法基通15-2-4（注））。

●法人税法37条

（寄附金の損金不算入）

5　公益法人等がその収益事業に属する資産のうちからその非収益事業のために支出した金額（公益社団法人又は公益財団法人にあつては，その収益事業に属する資産のうちからその非収益事業で公益に関する事業として政令で定める事業に該当するもののために支出した金額）は，その収益事業に係る寄附金の額とみなして，第１項の規定を適用する。ただし，事実を隠蔽し，又は仮装して経理をすることにより支出した金額については，この限りでない。

●法人税基本通達

（公益法人等のみなし寄附金）

15－2－4　公益法人等（非営利型法人及び規則第22条の４各号に掲げる法人を除く。）が収益事業に属する金銭その他の資産につき収益事業以外の事業に属するものとして区分経理をした場合においても，その一方において収益事業以外の事業から収益事業へその金銭等の額に見合う金額に相当する元入れがあったものとして経理するなど実質的に収益事業から収益事業以外の事業への金銭等の支出がなかったと認められるときは，当該区分経理をした金額については法第37条第５項《公益法人等のみなし寄附金》の規定の適用がないものとする。

（注）　人格のない社団等並びに非営利型法人及び規則第22条の４各号に掲げる法人が収益事業に属する資産につき収益事業以外の事業に属するものとして区分経理をした場合においても，その区分経理をした金額については同項の規定の適用はないことに留意する。

Q63　みなし寄附金②〜経理方法⑴

　当公益社団法人では，前期に収益事業部門で生じた利益相当額を公益事業部門の財産として区分経理しました。当分の間は使用する必要がありませんでしたので，その受け入れた金銭については定期預金にした上，前期においてみなし寄附金として処理しました。

　このように実際に現金の受渡しがなく単に財産の付け替えに過ぎない場合であっても，法人税法37条 5 項に規定する「みなし寄附金」とすることはできますか？

　また，当期になって公益事業部門から払出しを行いましたが，実際に現金を支出した当期において何らかの処理を行う必要はありますか？

A

SUMMARY＞　現実の支出の有無は関係なく，区分経理を行うのみで「みなし寄附金」として取り扱われます。

　また，期をまたいで現実に払出しを行った場合においても，特別な処理は不要です。

Reference　法基通15- 1 - 7 （注）

DETAIL＞

　非収益事業に属する資産として区分経理した金額は，法人税法37条 5 項の規定によるみなし寄附金となり，元入金の返還にはなりません（法基通15- 1 - 7 （注））。この場合，剰余金の振替えとして経理しているか寄附金として経理しているかに関係なく，みなし寄附金の規定を適用するとされています。

　ここで，法人税法37条 5 項において，みなし寄附金は「収益事業以外の事業のために支出した金額」と文言上表現されていることから，単に区分経理をしただけではこれには該当せず，現実に支出しなければみなし寄附金の要件を満たさないのではないかと疑問を持たれるかもしれません。しかし，たまたま当期中に非収益事業のために現実に支出した場合には50％以上の寄附金の損金算

入の規定が適用され，その支出が翌期になった場合にはその適用がないということでは，みなし寄附金の適用関係が偶然に支配される結果となり不合理であり，また安定性を欠くこととなります。よって，区分経理をすることにより，非収益事業のために支出がされたものとみなしてみなし寄附金の規定は適用されるものと考えられます。ただし，この取扱いは，あくまでも公益法人自らがその確定した決算においてその区分経理をすることが前提となっていることは，当然のことながら留意が必要です。

　また，公益事業部門において具体的な支出計画がない場合においても，収益事業部門から公益事業部門へ資産を帰属させることを明らかにする経理を行っていれば，元入れの返還等特段の事情がない限り「みなし寄附金」として取り扱われます。したがって，収益事業部門から公益事業部門のために「支出した金額」の範囲は，現実的に対外的に費消されるか又は近い将来費消される計画があるような場合に限らず，ご質問のように同一法人内の資産の付け替えにすぎないような場合でも，「みなし寄附金」として取り扱われることとなります。

　貴法人は前期において，収益事業部門より利益に見合う金額を公益事業部門の財産として区分経理した上，その金額につき「みなし寄附金」の処理を行っていますので，当期においてそのみなし寄附金に係る現金を支出しても特別な処理は必要でなく，単に現金を支出した場合と同様の処理となります。

●法人税基本通達

（収益事業の所得の運用）

15-1-7　公益法人等が，収益事業から生じた所得を預金，有価証券等に運用する場合においても，当該預金，有価証券等のうち当該収益事業の運営のために通常必要と認められる金額に見合うもの以外のものにつき非収益事業に属する資産として区分経理をしたときは，その区分経理に係る資産を運用する行為は，15-1-6にかかわらず，収益事業に付随して行われる行為に含めないことができる。

　（注）　この場合，公益法人等（人格のない社団等並びに非営利型法人及び規則第22条の4各号に掲げる法人を除く。）のその区分経理をした金額については，法第37条第5項《公益法人等のみなし寄附金》の規定の適用がある。

Q64　みなし寄附金③〜経理方法(2)

　公益財団法人である当協会は，非収益事業において資金が必要となりましたので，収益事業から下記のような方法で1,000万円を支出をしようと考えていますが，法人税法37条5項に規定する「みなし寄附金」として問題ありませんか？

イ　一旦1,000万円を支出した後，収益事業が同額を元入金として受け取る場合

ロ　支出した1,000万円で収益事業が使用する固定資産を購入し，収益事業へ引き渡す場合

A

SUMMARY　まず，イですが，**Q62**で説明したように，収益事業に属する資産のうちから非収益事業への金銭の支出があっても，その一方でその支出した金額に見合う金額相当額の元入れがある場合は，みなし寄附金とは取り扱われません。

　ロについても同様に考え，みなし寄附金とは取り扱われません。

Reference　法基通15-2-4

DETAIL

　Q63で説明したように，収益事業から非収益事業への資産の付け替え，区分経理によって，みなし寄附金として取り扱われるため，単なる資産の入替えについてみなし寄附金の規定が適用されることを厳に戒めるために，その取扱いが明確にされていると考えられます。

　みなし寄附金について詳しく規定している法人税基本通達15-2-4を次頁に掲げます。

●法人税基本通達

（公益法人等のみなし寄附金）

15－2－4　公益法人等（非営利型法人及び規則第22条の４各号に掲げる法人
　を除く。）が収益事業に属する金銭その他の資産につき収益事業以外の事業に
　属するものとして区分経理をした場合においても，その一方において収益事
　業以外の事業から収益事業へその金銭等の額に見合う金額に相当する元入れ
　があったものとして経理するなど実質的に収益事業から収益事業以外の事業
　への金銭等の支出がなかったと認められるときは，当該区分経理をした金額
　については法第37条第５項《公益法人等のみなし寄附金》の規定の適用がな
　いものとする。

　（注）　人格のない社団等並びに非営利型法人及び規則第22条の４各号に掲げ
　　る法人が収益事業に属する資産につき収益事業以外の事業に属するものと
　　して区分経理をした場合においても，その区分経理をした金額については
　　同項の規定の適用はないことに留意する。

Q65　みなし寄附金の損金算入限度額

　公益法人等が支出するみなし寄附金の額の損金算入限度額は，どのように規定されていますか？

A ···

SUMMARY〉　公益法人等のみなし寄附金の損金算入限度額は，以下の通りです。

公益社団法人又は公益財団法人（法法37①，法令73①三イ・73の２①）

　アとイのいずれか大きい金額

　ア　当該事業年度の寄附金支出前の所得の金額×50／100

　イ　公益法人特別限度額～当該事業年度におけるみなし寄附金の額（その収益事業に属する資産のうちからその収益事業以外の事業（法令77の３）で公益社団法人又は公益財団法人自らが行う公益目的事業のために支出した金額（法法37⑤かっこ書））

　　ただし，公益目的事業の実施のために必要な金額を明らかにするため，「法人税申告書別表十四（二）付表」を確定申告書に添付することを要件とします（法令73の２②）。

公益法人・公益社団法人・非営利型一般法人以外の公益法人等（法令73①三ハ）
※認定NPO法人等

　当該事業年度の寄附金支出前の所得の金額×20／100

非営利型一般法人

　寄附金の損金算入限度額の規定上，公益法人等から除かれているため（法令73①三かっこ書），資本又は出資を有しない普通法人等と同じく，当該事業年度の寄附金支出前の所得の金額×1.25／100

(Reference)　法法37①，法令73①三かっこ書・イハ・73の２①

DETAIL ▷

　みなし寄附金の損金算入限度額を詳しく規定している法人税法施行令73条を以下に掲げます。

●法人税法施行令

（一般寄附金の損金算入限度額）
第73条　法第37条第1項（寄附金の損金不算入）に規定する政令で定めるところにより計算した金額は，次の各号に掲げる内国法人の区分に応じ当該各号に定める金額とする。
　一　（省略）
　二　普通法人，協同組合等及び人格のない社団等のうち資本又は出資を有しないもの，法別表第二に掲げる一般社団法人及び一般財団法人並びに財務省令で定める法人　当該事業年度の所得の金額の100分の1.25に相当する金額
　三　公益法人等（法別表第二に掲げる一般社団法人及び一般財団法人並びに財務省令で定める法人を除く。以下この号において同じ。）　次に掲げる法人の区分に応じそれぞれ次に定める金額
　　イ　公益社団法人又は公益財団法人　当該事業年度の所得の金額の100分の50に相当する金額
　　ロ　（省略）
　　ハ　イ又はロに掲げる法人以外の公益法人等　当該事業年度の所得の金額の100分の20に相当する金額

第6章

その他

Q66　公益法人等が地方公共団体等から交付を受ける補助金

　当公益社団法人は，市からの要請により宿泊施設を設けて，低廉な料金で青少年のための宿泊及び飲食事業を行っています。この事業は収益事業に該当するため法人税の申告をしていますが，今般宿泊施設を建て替えることになり，市から建替資金の一部について補助金が交付されることになりました。この補助金について，国庫補助金等による圧縮記帳の規定の適用を受けようと考えていたところ，当該補助金の受入れは収益事業に係るものに該当しないのではないかとの指摘が理事会でありました。法人税法上，どのように取り扱われますか？

A

SUMMARY　国庫補助金等による圧縮記帳の適用を受けるまでもなく，当該補助金収入の額は，法人税の課税対象からは除外されます。

　また，建物の取得価額は実際に取得のために支出した金額とすることとされています。

Reference　法法42①，法基通15-2-12(1)

DETAIL

　ご質問の宿泊施設は，お尋ねの法人において収益事業の用に供されているものですが，その建替えのために国又は地方公共団体等から交付を受ける補助金等（資産の譲渡又は役務の提供の対価としての実質を有するものを除きます）は，法人税の計算上収益事業に係る益金の額に算入されません（法基通15-2-12(1)）。これは，公益法人等が他から贈与を受けた寄附金収入などは，その受け入れた補助金や助成金は一種の資本の元入れ（資本取引）とも考えられることから原則として法人税の課税対象とはしないという考えによるものです。したがって，国庫補助金等による圧縮記帳（法法42①）の適用を受けるまでもなく，当該補助金収入の額は，法人税の課税対象からは除外されます。

　ところで，この補助金を原資として建て替えた建物の取得価額ですが，当該補助金相当額を収益に計上せずに取得価額を算出しますと，今後計上される減価償却費が減少しますので，長期的に補助金相当額に法人税が課税されることになります。

　しかし，上記のように補助金収入額そのものが法人税の課税対象とならないのですから，建て替えた建物の取得価額は実際の取得価額とすることとされています（法基通15－2－12（注））。補助金受入額は会計上収益に計上され，お尋ねの法人の収益事業に係る剰余金はこれを含めた金額が計上されますが，法人税申告書別表四において，「課税対象とならない補助金収入額」として減算調整（課税外収入）することができます。

　なお，建替前の建物の除却損失は，過年度の減価償却費計上額の調整にあたりますので，通常どおり損金の額に算入されます。

　ご注意いただきたいのは，国又は地方公共団体等からの補助金であっても，収益事業に係る収入又は経費を補てんするために交付を受けるものは，益金の額に算入しなければならないことです（法基通15－2－12⑵）。

　交付を受けた補助金についての内容の確認は必須といえます。

　また，補助金でなく助成金・寄附金として受け入れた場合ですが，上記法人税基本通達15－2－12は，「補助金等」に関する取扱いであり，「等」には助成金・寄附金も含まれると解されます。したがって，補助金と同様に判断することになります。

●**法人税基本通達**

（補助金等の収入）

15－2－12　収益事業を行う公益法人等又は人格のない社団等が国，地方公共
　　団体等から交付を受ける補助金，助成金等（資産の譲渡又は役務の提供の対
　　価としての実質を有するものを除く。以下15－2－12において「補助金等」
　　という。）の額の取扱いについては，次の区分に応じ，それぞれ次による。
　(1)　固定資産の取得又は改良に充てるために交付を受ける補助金等の額は，
　　　たとえ当該固定資産が収益事業の用に供されるものである場合であって
　　　も，収益事業に係る益金の額に算入しない。
　(2)　収益事業に係る収入又は経費を補塡するために交付を受ける補助金等の
　　　額は，収益事業に係る益金の額に算入する。
　（注）　(1)に掲げる補助金等をもって収益事業の用に供する固定資産の取得又
　　　　は改良をした場合であっても，当該固定資産に係る償却限度額又は譲渡損
　　　　益等の計算の基礎となる取得価額は，実際の取得価額による。

Q67 確定申告及び中間申告

　当法人は，このたび新たに収益事業を開始することになった公益社団法人です。収益事業に対する法人税の申告及び納付は，いつどのように行えばよいでしょうか？

A ··

SUMMARY　決算日後2ヵ月以内（延長申請を行えば3ヵ月以内）に，法人税の確定申告書を所轄税務署長に提出し，納付を行います。

　また，公益法人等については，収益事業を営む場合でも，中間申告は不要です。

Reference　法基通15-2-14

DETAIL

（1）　確定申告

　公益法人等が法人税法上の収益事業を営む場合には，その収益事業に対する法人税を納める義務があるとして，確定申告書を決算日後2ヵ月以内に所轄税務署長に提出し，納めるべき法人税があるときはこれを納付します。

　ただし，定款等の定めにより，理事会・総会等の開催が事業年度終了後3ヵ月以内となっている場合で，2ヵ月以内に決算が確定しないときは，「申告期限の特例の延長申請書」を最初に適用を受けようとする事業年度終了の日までに所轄税務署長に提出して承認を得ることで，確定申告書の提出期限を1ヵ月延長することができます。ここで注意しなければならないのは，申告期限の延長を行っても，納付期限は延長できないということです。申告期限の延長に合わせて納税も遅れた場合は，延長した1ヵ月分に利子税が加算されます。

　実務上，決算日後2ヵ月以内に決算を確定させ理事会・総会を行うのはスケジュール的に厳しいものがあり，延長申請を行い申告期限を延長するケースが多いと思われます。納税については，決算作業において算出された税額を本来の納期限である決算日後2ヵ月以内に見込納付することで，利子税の負担を回

避します。

　また，収益事業に係る確定申告書を提出する際，添付する貸借対照表，損益計算書等の書類には，収益事業に係るこれらの書類だけでなく，その公益法人等が行う非収益事業に係る書類についても提出しなければならないこととされています（法基通15－2－14）。

（2）　中間申告

　法人税及び地方法人税の中間申告を行う法人は内国法人である普通法人に限定されていることから，公益法人等においては中間申告は不要です。

●**法人税基本通達**

（公益法人等の確定申告書の添付書類）
15－2－14　公益法人等又は人格のない社団等が法第74条第3項《確定申告書の添付書類》の規定により確定申告書に添付する貸借対照表，損益計算書等の書類には，当該公益法人等又は人格のない社団等が行う収益事業以外の事業に係るこれらの書類が含まれることに留意する。

Q68　収益事業を営まない公益法人等の損益計算書等の提出

　当法人は公益法人です。収入は公益目的事業から年間約1,000万円のみで法人税法上の収益事業は営んでいないので，法人税の確定申告は行っていませんでしたが，最近，当法人と同様に収益事業を営んでいない他の公益法人でも，税務署に毎年損益計算書を提出しているとのことでした。これはどういうことでしょうか？

A ···

SUMMARY　収益事業を営んでいない公益法人等であっても，年間の収入金額が8,000万円以下の場合を除き，損益計算書又は収支計算書を所轄税務署長に提出しなければならないこととされています。お尋ねの場合ですと，年間の収入金額は年間約1,000万円ということですので，上記書類の税務署長への提出は不要です。

Reference　法法4①，措法68の6，措令39の37②，措規22の22

DETAIL

　法人税法では，公益法人等が法人税法上の収益事業を営む場合には，その収益事業に対する法人税を納める義務があるとして，確定申告書を所轄税務署長に提出することと定めています（法法4①）。一方，公益法人等が収益事業を営んでいない場合には，確定申告書の提出は不要としていますが，課税の適正化を図る目的から，収益事業を営んでいない公益法人等についても損益計算書（又は収支計算書）を提出する義務を負わせ，年間の収入金額が8,000万円以下の場合を除き，損益計算書又は収支計算書を決算日後4ヵ月以内に所轄税務署長に提出することとされています（措法68の6，措令39の37②）。

　ここで，年間収入金額が8,000万円以下であるかどうかの判定ですが，資産の売却による収入で臨時的な収入及び法人にとって実収入とはならない，以下のような収入は含めません。

　イ　土地，建物等の売却による臨時的な収入

ロ　前期繰越収支差額（繰越金），繰入金収入（他会計からの振替収入），貸付金等の償還収入

ハ　引当金・特定預金の取崩収入

また，事業年度が1年に満たない場合には，「8,000万円×その事業年度の月数／12」（1ヵ月に満たない月数は1月とする。）の金額によります。

損益計算書（又は収支計算書）の記載事項等

提出すべき損益計算書（又は収支計算書）は，事業収益（又は事業収入）について，事業の種類ごとにその事業内容を示す適当な名称を付した科目に従って作成したものとし，次に掲げる事項を記載しなければならないこととされています（措規22の22）。

①　公益法人等の名称及び主たる事務所の所在地

②　代表者の氏名

③　事業年度開始及び終了の日

④　その他参考となるべき事項

また，他の法令に基づいて作成した損益計算書（又は収支計算書）による提出も認められていますが，事業の種類ごとの収益（又は収入）の金額を区分記載したものでない場合は，区分記載した明細書が添付されているものに限ります。

●租税特別措置法

（公益法人等の損益計算書等の提出）

第68条の6　公益法人等（法人税法以外の法律によつて公益法人等とみなされているもので政令で定める法人及び小規模な法人として政令で定める法人を除く。）は，当該事業年度につき法人税法第74条第1項の規定による申告書を提出すべき場合を除き，財務省令で定めるところにより，当該事業年度の損益計算書又は収支計算書を，当該事業年度終了の日の翌日から4月以内（政令で定める法人にあつては，同日から政令で定める期間内）に，当該事業年度終了の日におけるその主たる事務所の所在地の所轄税務署長に提出しなければならない。

188

●租税特別措置法施行令

第39条の37

2　法第68条の6に規定する政令で定める小規模な法人は，当該事業年度の収入金額（資産の売却による収入で臨時的なものを除く。）の合計額が8,000万円（当該事業年度が12月に満たない場合には，8,000万円に当該事業年度の月数を乗じてこれを12で除して計算した金額）以下の法人とする。

Q69　一般法人から公益法人等へ移行した事業年度の法人税

　当法人は，3月決算の一般社団法人として法人税の申告を行ってきましたが，このたび，県の公益認定が得られたので公益社団法人へ移行することとなりました。

　○○年10月1日に移行することになるのですが，法人税の申告はどのようになるのですか？

A ···

SUMMARY　貴法人の場合，一般法人が解散したものとみなされて，4月1日から9月30日までをみなし事業年度として一般法人としての法人税の申告を行います。

　また，10月1日に公益法人が設立されたものとみなされて，その日以降は収益事業についてのみ法人税の申告を行います。

Reference　法法55⑫・57①・58①・59・80④，法令81二・90三・96②・121の5①・125③・133の2⑤・139の4⑩

DETAIL

　一般法人が公益法人等へ移行した場合には，次の(1)及び(2)の事項があったものとみなされます。

　(1)　公益法人に該当することとなる日の前日に，一般法人が解散したものとみなされます。

　(2)　公益法人に該当することとなった日に，当該公益法人が設立されたものとみなされます。

　上記(1)(2)の区分に応じて，次の図表に掲げた規定が適用されます。

■図表　課税所得の範囲の変更等に伴う所要の調整

① 該当する日の前日の属する事業年度における法人税法等の適用

法人税法等の規定	適用内容
イ　欠損金の繰戻しによる還付（法法80④）	該当する日の前日前1年以内に終了した事業年度又は該当する日の前日の属する事業年度において生じた欠損金について，繰戻し還付規定の適用を受けることができます。 なお，欠損金の繰戻し還付の規定は，租税特別措置法において大法人による完全支配関係がない中小企業者等を除きその適用が停止されていますが，解散の場合は適用されることとなっています（措法66の13①）。
ロ　国庫補助金等に係る特別勘定の金額の取崩し（法令81二・90三）	該当する日の前日において，その有している特別勘定の金額の全額を取り崩し，その取り崩した日の属する事業年度の益金の額に算入することとなります。
ハ　貸倒引当金（法法52⑫）	該当する日の前日の属する事業年度については，貸倒引当金の繰入額の損金算入が認められません。
ニ　繰り延べたデリバティブ取引等の決済損益額の計上時期等（法令121の5①）	ヘッジ対象資産等の決済等が行われていないときにおいても，繰り延べた決済損益額は，その該当する日の前日の属する事業年度の益金の額又は損金の額に算入することとなります。
ホ　長期割賦販売等に係る収益及び費用の額（法令125③）	該当する日の前日の属する事業年度において，延払基準の方法により繰り延べられていた収益及び費用の額の全額を益金及び損金の額に算入することとなります。
ヘ　一括償却資産の損金算入（法令133の2⑤）	該当する日の前日の属する事業年度において，その事業年度終了の時における一括償却資産の金額の残額を損金の額に算入することとなります。
ト　資産に係る控除対象外消費税額等の損金算入（法令139の4⑩）	該当する日の前日の属する事業年度において，その事業年度終了の時における繰延消費税額等の残額を損金の額に算入することとなります。

②　該当する日の属する事業年度及び当該事業年度後の各事業年度における法人税
　法等の適用

法人税法等の規定	適用内容
イ　青色欠損金，災害損失金及び期限切れ欠損金の繰越し（法法57①・58①・59）	該当する日の属する事業年度前の各事業年度において生じた欠損金を，該当する日の属する事業年度以後に繰り越すことはできないこととなります。
ロ　欠損金の繰戻しによる還付（法法80④）	該当する日の属する事業年度において生じた欠損金の繰戻しによる還付を受けることはできないこととなります。
ハ　一括評価金銭債権に係る貸倒引当金制度における貸倒引当金勘定への繰入限度額（法令96②）	貸倒実績率の計算について，該当する日の属する事業年度は当該事業年度の実績により計算し，翌事業年度以後は該当する日の属する事業年度以後の事業年度のみ合算することとなります。

（出所）「新たな公益法人関係税制の手引き」（平成24年９月国税庁）より

　　上記【図表】①のイは，解散したとみなされる一般法人における一定の欠損
金について還付を受けられるものです。これに対応して，②のイ，ロでは新た
に設立したとみなされる公益法人等においては欠損金の繰越しが認められませ
ん。

　　また，①のロ～トは，解散したとみなされる一般法人における会計上と税務
上の差異を精算するものです。これに対応して，②のハでは新たに設立したと
みなされる公益法人等において適用を受ける会計上と税務上の差異について設
立日から開始するというものです。

Q70　税務署等への届出等

> 　一般法人が公益認定を受けて公益法人となった場合等，税務署や都道府県市町村へはいつどのような届出を行えばよいのでしょうか？

A ···

SUMMARY　主な届出書は，次の(1)～(4)の通りです。

Reference　法法15・150①②

DETAIL

（1）　異動届出書

　非営利型法人以外の一般法人が公益認定を受けて公益法人となった場合に，「異動届出書」を認定後すみやかに，納税地の所轄税務署長及び都道府県市町村に提出しなければいけません。

（2）　収益事業開始届出書

　公益法人等（収益事業を行っていないものに限る）が新たに収益事業を開始した場合には，その開始した日以後2ヵ月以内に，以下の書類を添付して「収益事業開始届出書」を納税地の所轄税務署長に提出しなければいけません。

　イ　収益事業の概要を記載した書類

　ロ　収益事業開始の日等における収益事業についての貸借対照表

　ハ　定款，寄附行為，規則若しくは規約又はこれらに準ずるものの写し

　ニ　登記事項証明書（履歴事項全部証明書）又は登記簿謄本

（3）　収益事業廃止届出書

　収益事業を行っていた法人が，収益事業を廃止した場合や，一般法人が公益法人に移行して収益事業が公益目的事業として法人税が非課税となった場合等には，「収益事業廃止届出書」を収益事業廃止後すみやかに納税地の所轄税務

署長に提出しなければいけません。

（4）　非営利型法人以外の一般法人（普通法人）となった旨の届出書

　公益法人が，移行又は公益認定の取消しなどによって非営利型法人以外の一般法人（普通法人）となった場合には，「非営利型法人以外の一般法人（普通法人）となった旨の届出書」を該当することとなった後すみやかに，納税地の所轄税務署長及び都道府県市町村に提出しなければいけません。

●法人税法

（事業年度を変更した場合等の届出）
第15条　法人がその定款等に定める会計期間を変更し，又はその定款等において新たに会計期間を定めた場合には，遅滞なく，その変更前の会計期間及び変更後の会計期間又はその定めた会計期間を納税地（連結子法人にあつては，その本店又は主たる事務所の所在地）の所轄税務署長に届け出なければならない。

（公益法人等又は人格のない社団等の収益事業の開始等の届出）
第150条　内国法人である公益法人等又は人格のない社団等は，新たに収益事業を開始した場合には，その開始した日以後2月以内に，次に掲げる事項を記載した届出書にその開始した時における収益事業に係る貸借対照表その他の財務省令で定める書類を添付し，これを納税地の所轄税務署長に提出しなければならない。
　一　その納税地
　二　その事業の目的
　三　その収益事業の種類
　四　その収益事業を開始した日
2　公益法人等（収益事業を行つていないものに限る。）が普通法人又は協同組合等に該当することとなつた場合には，その該当することとなつた日以後2月以内に，次に掲げる事項を記載した届出書にその該当することとなつた時における貸借対照表その他の財務省令で定める書類を添付し，これを納税地の所轄税務署長に提出しなければならない。
　一　その納税地

二　その事業の目的
三　その該当することとなつた日

Q71　収益事業に係る地方税

収益事業に対する事業税や道府県民税，市町村民税についてはどうなりますか？

A ....

SUMMARY 以下のように取り扱われます（均等割については後述 **Q72**参照）。

Reference 地方税法72の5①五・25②

DETAIL

（1）　事業税（地方税法72の5①五）

公益法人等における事業税については，法人税同様，収益事業から生じた所得に対してのみ法人事業税が課税されます。また，収益事業の範囲についても，法人税法施行令に規定する34種類と同範囲となっています。

事業税は付加価値割，資本割，所得割，収入割からなりますが，公益法人等は，電気供給業，ガス供給業及び保険業を行わない限りは，所得割のみが課税されます。もし，これらの事業を行っている場合は，所得割に代わり収入割が課税されます。

なお，税率については，法人税率は軽減税率が適用されるのに対し，事業税率は一般法人と同一である点に留意が必要です。

（2）　道府県民税・市町村民税（地方税法25②）

イ　収益事業を行っていない公益法人等の場合

道府県民税・市町村民税のいずれも非課税です。

ロ　収益事業を行っている公益法人等の場合

道府県民税・市町村民税のいずれも申告及び納税を行わなければなりません。

均等割：資本等の金額が1,000万円以下の法人と同額。

　　　　法人税割の税率：一般法人と同一の税率

● **地方税法**

（法人の事業税の非課税所得等の範囲）

第72条の5　道府県は，次に掲げる法人の事業の所得又は収入金額で収益事業に係るもの以外のものに対しては，事業税を課することができない。

　二　日本赤十字社，医療法人（医療法第42条の2第1項に規定する社会医療法人に限る。），商工会議所及び日本商工会議所，商工会及び商工会連合会，中央労働災害防止協会及び労働災害防止協会，船員災害防止協会，公益社団法人及び公益財団法人，一般社団法人（非営利型法人（法人税法第2条第9号の2に規定する非営利型法人をいう。以下この号において同じ。）に該当するものに限る。）及び一般財団法人（非営利型法人に該当するものに限る。），社会福祉法人，更生保護法人，宗教法人，学校法人及び私立学校法第64条第4項の法人，職業訓練法人並びに中央職業能力開発協会及び都道府県職業能力開発協会

（個人以外の者の道府県民税の非課税の範囲）

第25条　道府県は，次に掲げる者に対しては，道府県民税の均等割を課することができない。ただし，第2号に掲げる者が収益事業を行う場合は，この限りでない。

　二　日本赤十字社，社会福祉法人，更生保護法人，宗教法人，学校法人，私立学校法第64条第4項の法人，労働組合法による労働組合，職員団体等に対する法人格の付与に関する法律第2条第5項に規定する法人である職員団体等，漁船保険組合，漁業信用基金協会，漁業共済組合及び漁業共済組合連合会，信用保証協会，農業共済組合及び農業共済組合連合会，農業協同組合連合会，中小企業団体中央会，国民健康保険組合及び国民健康保険団体連合会，全国健康保険協会，健康保険組合及び健康保険組合連合会，国家公務員共済組合及び国家公務員共済組合連合会，地方公務員共済組合，全国市町村職員共済組合連合会，地方公務員共済組合連合会，日本私立学校振興・共済事業団，公益社団法人又は公益財団法人で博物館法第2条第1項の博物館を設置することを主たる目的とするもの又は学術の研究を目的とするもの並びに政党交付金の交付を受ける政党等に対する法人格の付与に関する法律第7条の2第1項に規定する法人である政党等

2　道府県は，前項各号に掲げる者に対しては，道府県民税の法人税割を課することができない。ただし，同項第2号に掲げる者が収益事業又は法人課税信託の引受けを行う場合は，この限りでない

Q72 均等割が非課税となる公益法人等

当法人は法人税法の収益事業を行う公益法人です。当法人に対しては道府県民税や市町村民税の均等割は課税されますか？

A ....

SUMMARY⟩ 収益事業を行う公益法人等には均等割が課税されるのが原則です。

Reference⟩ 地法25①二

DETAIL⟩

公益法人等のうち，社会福祉法人・学校法人・宗教法人については均等割が課税されないこととされていますが，収益事業を行う場合はこの限りでないとされています（地法25①二）。

つまり，収益事業を行う公益法人等には均等割が課税されることになるのですが，社会福祉法人・学校法人については例外規定が定められており，当規定を満たしていれば，均等割・法人税割共に非課税となります（地令7④）。

　イ　収益事業から生じた所得金額の90％以上の金額を非収益事業に充てている場合（各事業年度の収益事業から生じた所得金額の90％以上の額を非収益事業に繰り入れた場合（みなし寄附金～法法37⑤））

　ロ　収益事業が赤字などの理由で課税所得金額が0円以下となる場合

公益法人については，法人税法上の収益事業を行うか否か，又は法人税法上の収益事業から生ずる所得の有無にかかわらず，道府県民税や市町村民税の均等割は課税されるのが原則です。ただし，収益事業を行っていない公益社団法人・公益財団法人で以下のいずれかに該当する場合には，納める均等割はありません。

　①　博物館を設置することを主目的とする，又は学術研究を目的としている場合

　　道府県民税や市町村民税の均等割は非課税とされます（地法25①二）。
②　条例により免除規定を定めている場合

　　各都道府県・市町村によっては，条例で，法人税法上の収益事業を行っていない公益社団法人・公益財団法人について道府県民税や市町村民税の均等割を免除しているところがあります。例えば，東京都では，毎年4月30日までに「都民税の均等割申告書」及び「都民税（均等割）免除申請書」に決算書，事業報告書等を添付して，主たる事務所所在地を所管する都税事務所に提出することで，前年4月1日からその年の3月31日までの均等割が免除されます（都税条例117の2・206，都税条例規29の4）。

　　都道府県・市町村ごとに条例が異なりますので，法人税法上の収益事業を行っていない公益法人は，所在する都道府県・市町村への確認が必要です。

　公益法人等の種類によって，均等割の課税・非課税の取扱いが異なりますので留意が必要です。

Q73 貸倒引当金の繰入限度額

当法人は，非営利型一般法人です。期末未収となっている収益事業に係る債権があり，これに対して貸倒引当金を設定しようと考えています。繰入限度額の計算において注意すべき点はありますか？

A ··

SUMMARY 公益法人等の繰入限度額の割増特例が廃止され，経過措置が置かれました。

Reference 措法（平成31年改正法附則54）

DETAIL

　繰入限度額は，期末の金銭債権を個別に評価する債権（個別評価金銭債権）と一括して評価する債権（一括評価金銭債権）とに区分して計算します。公益法人等については，法定繰入率又は貸倒実績率による限度額計算を行うこととされており，さらに，公益法人等については，平成29年4月1日から平成31年3月31日までの間に開始する事業年度における一括評価に係る繰入限度額は，特例として法定繰入率又は貸倒実績率により計算した金額の100分の110に相当する金額を限度額とすることが認められていました（旧措法57の9③）。しかし，割増特例は平成31年度税制改正により廃止され，平成31年4月1日から令和5年3月31日までの間に開始する各事業年度については，廃止前の規定による割増率に対して1年ごとに5分の1ずつ縮小した額による割増しを認める経過措置が置かれています。

●租税特別措置法　平成31年改正法（法律第6号）附則

（中小企業等の貸倒引当金の特例に関する経過措置）
　第54条　旧租税特別措置法第57条の9第3項に規定する法人の令和5年3月31
　　日以前に開始する各事業年度の所得の金額の計算については，同項の規定は，

なおその効力を有する。この場合において，同項中「平成31年3月31日」とあるのは「令和5年3月31日」と，「中小企業等」とあるのは「中小企業者等」と，「100分の110」とあるのは「100分の110（平成31年4月1日から令和2年3月31日までの間に開始する事業年度については100分の108とし，同年4月1日から令和3年3月31日までの間に開始する事業年度については100分の106とし，同年4月1日から令和4年3月31日までの間に開始する事業年度については100分の104とし，同年4月1日から令和5年3月31日までの間に開始する事業年度については100分の102とする。）」とする。

Q74 交際費等の損金不算入額の計算

　公益法人の交際費等の損金不算入額の計算には，普通法人とは異なる規定はありますか？

A ……………………………………………………………………………………

SUMMARY　公益法人等のような資本又は出資を有しない法人については，「期末の資本金等の額に準ずる額」を別途算出した上で，損金不算入額の計算を行います。

Reference　措令37の4①③

DETAIL

　交際費等は，法人の決算書においては費用の額に計上されますが，法人税法上，支出する交際費の額のうち一定限度額を超える金額は，所得の金額の計算上，損金の額に算入されないこととされています（措法61の4，措令37の4）。

(1)　交際費等の範囲

　交際費等とは，交際費，接待費，機密費その他の費用で，法人がその得意先，仕入先その他事業に関係のある者等に対する接待，供応，慰安，贈答その他これらに類する行為のために支出するものをいうとされています（措法61の4④）。

　ただし，専ら従業員のために行われる運動会，演芸会，旅行等のために通常要する費用や，次に掲げる費用は交際費等から除くこととされています（措令37の5）。

①　1人当たり5,000円以下の飲食その他これに類する行為のために要する費用（ただし，専ら役員若しくは従業員又はこれらの親族に対する接待等のために支出する費用は除かれます）

②　カレンダー，手帳，扇子，うちわ，手拭いその他これらに類する物品を贈与するために通常要する費用

③　会議に関連して，茶菓，弁当その他これらに類する飲食物を供与するために通常要する費用

④　新聞，雑誌等の出版物又は放送番組を編集するために行われる座談会その他，記事の収集のために又は放送のための取材に通常要する費用

（2）　交際費等の損金不算入額

法人の期末資本金又は出資金の額に応じて，交際費等の損金不算入額が異なります。

■交際費等の損金不算入額

期末資本金又は出資金の額	損金不算入額
1億円以下の法人	次のいずれかの金額 ①800万円（定額控除限度額）^(注) ②交際費等のうち，飲食その他これに類する行為のために要する費用（専ら役員若しくは従業員又はこれらの親族に対する接待等のために支出する費用を除く）の50％に相当する金額を超える部分の金額
1億円超の法人	交際費等のうち，飲食その他これに類する行為のために要する費用（専ら役員若しくは従業員又はこれらの親族に対する接待等のために支出する費用を除く）の50％に相当する金額を超える部分の金額

（注）　定額控除限度額〜事業年度が1年に満たない場合は，800万円を月割計算した額となります。

（3）　公益法人等の交際費等の損金不算入額

資本または出資を有しない法人については，次頁の算式により計算した「期末の資本金等の額に準ずる額」より，損金不算入額の計算を行います（措令37④三）。

なお，非営利型一般法人や非営利型法人に該当しない一般社団法人・一般財団法人においても，資本又は出資を有しない法人であれば同様の計算を行いま

す。

期末の資本金等の額に準ずる額

＝（期末総資産の帳簿価額−期末総負債の帳簿価額−当期利益）

×60／100×（収益事業に係る期末資産の価額／期末総資産の価額）

（注1）　上記算式は，法人の確定した決算に基づき，収益事業に係る金額だけでなく，すべての会計を合計した金額によって計算します。

（注2）　当期利益がマイナスの場合は，その損失の額を加算します。

（注3）「収益事業に係る期末資産の価額」及び「期末総資産の価額」は，期末における時価によります。

（4）　計算例

交際費等の額	8,900,000円
（飲食その他これに類する行為のために要した金額はないものとします）	
期末総資産の帳簿価額及び時価	90,000,000円
期末総負債の帳簿価額	20,000,000円
当期正味財産増減額合計	5,000,000円
収益事業に係る期末資産の帳簿価額及び時価	30,000,000円

---

① 期末資本金等の額に準ずる額

（90,000,000円−20,000,000円−5,000,000円）×60／100

×30,000,000円／90,000,000円＝13,000,000円

∴ 1億円以下であるので，定額控除限度額は800万円となる。

② 交際費等の損金不算入額

8,900,000円−8,000,000円＝900,000円

●**租税特別措置法施行令**

（資本金の額又は出資金の額に準ずるものの範囲等）

第37条の４　法第61条の４第１項に規定する政令で定める法人は，公益法人等，人格のない社団等及び外国法人とし，同項に規定する政令で定める金額は，次の各号に掲げる法人の区分に応じ当該各号に定める金額とする。

一　資本又は出資を有しない法人（第３号から第５号までに掲げるものを除く。）当該事業年度終了の日における貸借対照表（確定した決算に基づくものに限る。以下この条において同じ。）に計上されている総資産の帳簿価額から当該貸借対照表に計上されている総負債の帳簿価額を控除した金額（当該貸借対照表に，当該事業年度に係る利益の額が計上されているときは，その額を控除した金額とし，当該事業年度に係る欠損金の額が計上されているときは，その額を加算した金額とする。）の100分の60に相当する金額

二　（省略）

三　資本又は出資を有しない公益法人等又は人格のない社団等（第５号に掲げるものを除く。）当該事業年度終了の日における貸借対照表につき第１号の規定に準じて計算した金額に同日における総資産の価額のうちに占めるその行う収益事業に係る資産の価額の割合を乗じて計算した金額

Q75 内部支払利子・賃借料の支払

当公益社団法人では，公益目的事業に属する車両を収益事業にて行うイベントのために貸し出すことが年数回あります。これらについて，収益事業から公益目的事業へ車両の賃借料を支払おうと考えていますが，それらの額は収益事業に係る費用の額として損金の額に算入されますか？

A ···

SUMMARY 非収益事業に属する金銭その他の資産を収益事業のために使用した場合においても，これにつき収益事業から非収益事業へ賃借料，支払利子等を支払うこととしてその額を収益事業に係る費用又は損失として経理することはできません。

Reference 法基通15-2-5（注）

DETAIL

法人税基本通達15-2-5（注）において上記のように規定されているのですが，これは，収益事業から非収益事業への賃借料，支払利息等の科目での支払は単なる内部取引であって外部への支払ではないことから，収益事業の損金として認められないことを意味します。

ただし，非収益事業が支払った金額のうちそれぞれの費用について合理的な基準により配賦されるべき金額に達するまでの金額については，収益事業の損金の額に算入することが認められます。

●**法人税基本通達**

> （費用又は損失の区分経理）
>
> 15－2－5　公益法人等又は人格のない社団等が収益事業と収益事業以外の事業とを行っている場合における費用又は損失の額の区分経理については，次による。
>
> (1)及び(2)　（省略）
>
> （注）　公益法人等又は人格のない社団等が収益事業以外の事業に属する金銭その他の資産を収益事業のために使用した場合においても，これにつき収益事業から収益事業以外の事業へ賃借料，支払利子等を支払うこととしてその額を収益事業に係る費用又は損失として経理することはできないことに留意する。

Q76　役員等の報酬の支給基準

認定法では，不当に高額な役員報酬は禁止されていますが，「不当に高額」とはどのくらいの金額でしょうか？　また，不当に高額である場合，法人税の課税所得の計算においても損金不算入とされるのでしょうか？

A ··

SUMMARY　公益法人等の理事等については，法人の非営利性の保持という観点からみれば，理事等の報酬が不当に高額であると判断されるような状況があれば公益の趣旨に反することとなります。したがって，理事等に関する報酬については，これが不当に高額とならないよう支給基準を定めることが公益認定の基準とされています（認定法5十三）。ここでいう不当に高額とは，一般的な企業に照らして，職務の内容と役員に対する報酬が著しく高額であると判断される場合であるため，その金額は個別具体的に判断されるものであり，一律に金額基準を当てはめるものではありません。このため，世間一般の支給水準に照らして，明らかに高額となっている場合には，不当に高額であると判断できます。

また，不当に高額な役員報酬は，法人税の課税所得の計算においても損金不算入となります。形式基準（株主総会などの決議により定められている役員報酬の限度額）と実質基準（役員の職務の内容，会社の収益，使用人に対する給与の支給状況，事業規模が類似する同業他社の役員報酬の支給状況）を照らし合わせて，役員報酬としての妥当性を判断することになります。

Reference　認定法5，法法34，法令70①

DETAIL

具体的な事例としては，ほとんど出勤の事実もなく，特段重要な業務等も行っていないような役員に対して月額数百万円の報酬を支給していれば，それは世間一般の報酬基準に照らして明らかに高額であると判断できますので，不当に高額であると判断されることとなります。

また，実際に出勤し業務に従事している場合であっても，その従事している

業務の内容がかなり簡易なものである上，属人性の弱いものであるにもかかわらず，世間一般の支給基準に照らして明らかに高額であると判断できるような場合においては，不当に高額であると判断されることとなります。

　また，非常勤の役員・評議員に日当（役員報酬）を支給する場合にも，支給基準に記載及び開示が必要とされており，その支給基準が不当に高額な支給とならないよう措置がされています。

●認定法5条

　行政庁は，前条の認定（以下「公益認定」という。）の申請をした 一般社団法人又は一般財団法人が次に掲げる基準に適合すると認めるときは，当該法人について公益認定をするものとする。

　　十三　その理事，監事及び評議員に対する報酬等（報酬，賞与その他の職務遂行の対価 として受ける財産上の利益及び退職手当をいう。以下同じ。）について，内閣府令で定めるところにより，民間事業者の役員の報酬等及び従業員の給与，当該法人の経理の状況その他の事情を考慮して，不当に高額なものとならないような支給の基準を定めているものであること。

●法人税法34条

（役員給与の損金不算入）

2　内国法人がその役員に対して支給する給与（前項又は次項の規定の適用があるものを除く。）の額のうち不相当に高額な部分の金額として政令で定める金額は，その内国法人の各事業年度の所得の金額の計算上，損金の額に算入しない。

●**法人税法施行令70条1項から抜粋**

（過大な役員給与の額）

第70条　法第34条第2項（役員給与の損金不算入）に規定する政令で定める金額は，次に掲げる金額の合計額とする。

一　次に掲げる金額のうちいずれか多い金額

　イ　内国法人が各事業年度においてその役員に対して支給した給与の額が，当該役員の職務の内容，その内国法人の収益及びその使用人に対する給与の支給の状況，その内国法人と同種の事業を営む法人でその事業規模が類似するものの役員に対する給与の支給の状況等に照らし，当該役員の職務に対する対価として相当であると認められる金額を超える場合におけるその超える部分の金額

　ロ　定款の規定又は株主総会，社員総会若しくはこれらに準ずるものの決議により，役員に対する給与として支給することができる金銭その他の資産について，金銭の額の限度額若しくは算定方法，その内国法人の株式若しくは新株予約権の数の上限又は金銭以外の資産（ロにおいて「支給対象資産」という。）の内容（ロにおいて「限度額等」という。）を定めている内国法人が，各事業年度においてその役員に対して支給した給与の額の合計額が当該事業年度に係る当該限度額及び当該算定方法により算定された金額，当該株式又は新株予約権（当該事業年度に支給されたものに限る。）の当該上限及びその支給の時における1単位当たりの価額により算定された金額並びに当該支給対象資産（当該事業年度に支給されたものに限る。）の支給の時における価額に相当する金額の合計額を超える場合におけるその超える部分の金額

Q77　役員無報酬の公益法人なのですが，役員損害賠償保険に加入できますか？

　　これまで役員損害賠償保険の保険料の一部を理事や監事に負担してもらっていましたが，公益法人が全額負担しても良くなったのでしょうか？

A ···

SUMMARY　これまで役員報酬を規定し，国税庁解釈に沿って一部を役員個人負担にしていたのであれば，理事会決議を経てから加入・更新する保険料は役員個人負担をなしにすることが可能となります。

Reference　法人法118の3

DETAIL

　令和2年9月30日に経済産業省が「会社が改正会社法の規定に基づき，当該保険料を負担した場合には，当該負担は会社法上適法な負担と考えられることから，役員個人に対する経済的利益の供与はなく，役員個人に対する給与課税を行う必要はない」どの国税庁の解釈を公表しました。その結果，当該保険料の負担は役員報酬に当たらず，公益法人等でも役員無報酬の負担が可能となりました。さらに，令和3年3月1日から改正法人法が施行され，役員無報酬規定と国税庁解釈にそって，一部を役員個人負担にされていたのであれば，理事会決議を経てから加入・更新する保険料は，役員個人負担分を無くすことが可能になります。

　なお，既存の役員賠償責任保険に対しては，改正法人法は適用されませんので，新たに加入や更新がある場合は，理事会決議が必要になります。

●法人法

（役員等のために締結される保険契約）

第118条の３　一般社団法人が，保険者との間で締結する保険契約のうち役員等がその職務の執行に関し責任を負うこと又は当該責任の追及に係る請求を受けることによって生ずることのある損害を保険者が填補することを約するものであって，役員等を被保険者とするもの（当該保険契約を締結することにより被保険者である役員等の職務の執行の適正性が著しく損なわれるおそれがないものとして法務省令で定めるものを除く。第３項ただし書において「役員等賠償責任保険契約」という。）の内容の決定をするには，社員総会（理事会設置一般社団法人にあっては，理事会）の決議によらなければならない。

Q78　収益事業の元入金

　当公益社団法人は，このたび収益事業として物品販売業を開始すること
が決議されたことを受け，新しい会計区分を設置し，現金及び器具備品を
非収益事業より受け入れました。この場合の会計処理及び法人税の課税所
得の計算はどうなりますか？

A ··

SUMMARY　元入金として経理する場合，他会計振替額により収益計上する場合
のいずれの会計処理を採用しても，法人税の課税所得の計算上には影響はしません。

Reference　法基通15-2-3

DETAIL

　公益法人等は，収益事業から生じる所得に関する経理と非収益事業から生ず
る所得に関する経理とを区分して行わなければならないとされています（法令
6）が，この規定により，収益事業を開始した日において非収益事業に属して
いた資産及び負債が収益事業に属する資産及び負債となった場合，その資産の
額の合計額からその負債の額の合計額を減算した金額を元入金として経理した
としても，その金額は資本金等の額及び利益積立金額のいずれにも該当しない
こととされています。これは，その後において，非収益事業から収益事業に支
出した金銭その他の資産についても，同様に取り扱うこととされています（法
基通15-2-3）。

　なお，非収益事業から収益事業に属するものとして区分経理した金額は，上
記の通り利益積立金額に該当しないことから，その金額を他会計振替額等の勘
定科目により収益又は費用として経理したとしても，その金額は益金の額又は
損金の額に算入しないこととされています（法基通15-2-3（注））。

　すなわち，この区分経理により利益積立金額は増減せず，法人税申告書の別
表四においては減算又は加算（いずれも社外流出として処理）することとなり

214

ます。また，法人税申告書の別表五(1)の「繰越損益金(26)」の「増③」の欄の上段に内書として記載するとともに，「差引合計額(31)」の記載にあたっては，その内書として記載した金額を「繰越損益金(26)」から減算して計算することとされています。

お尋ねの場合の仕訳は，以下のようになります。

受け入れる現金を500,000円，器具備品を1,000,000円（受入れ時の帳簿価額）とすると，次の通りです。

① 元入金として経理する場合

借方		貸方	
現金（B／S）	500,000	他会計勘定（B／S）	500,000
備品（B／S）	1,000,000	他会計勘定（B／S）	1,000,000

(注) 上記の「他会計勘定」は，法人税法上資本金等の額及び利益積立金額のいずれにも該当しません。

② 他会計振替額により収益計上する場合

借方		貸方	
現金（B／S）	500,000	他会計振替額（P／L）	500,000
備品（B／S）	1,000,000	他会計振替額（P／L）	1,000,000

(注) 上記の「他会計振替額」は，法人税の課税所得の計算上，益金の額に算入されず，法人税申告書の別表四で減算（社外流出）します。

●**法人税基本通達**

（収益事業に属するものとして区分された資産等の処理）

15－2－3　収益事業を開始した日において，令第6条《収益事業を行う法人の経理の区分》の規定により収益事業以外の事業に属する資産及び外部負債につき収益事業に属するものとして区分経理した場合における当該資産の額の合計額から当該外部負債の額の合計額を減算した金額を元入金として経理したとしても，当該金額は，資本金等の額及び利益積立金額のいずれにも該当しないことに留意する。

　　その後において，収益事業以外の事業に属する金銭その他資産につき収益事業に属するものとして区分経理した場合における当該金銭その他の資産の価額についても，同様とする。

（注）　収益事業に属するものとして区分経理した金額を，他会計振替額等の勘定科目により収益又は費用として経理した場合には，当該金額は益金の額又は損金の額に算入されない。

Q79 償却不足のある非収益事業用減価償却資産を帳簿価額で収益事業用に区分経理してよいでしょうか？

当公益社団法人では，当期まで公益事業（非収益事業）の用に供していた車両運搬具を翌期首から収益事業の用に供することを予定しています。その車両運搬具について経理の区分替えを行うこととなりますが，仮にその減価償却資産である車両運搬具について，公益会計上十分な償却を行っていなかったため償却不足額があり帳簿価額が過大になっている場合でも，その区分替えをした時点における実際の帳簿価額により区分経理をしてもよいでしょうか？

A ....

SUMMARY 〉 実際の帳簿価額により区分経理します。

(Reference) 法基通15-2-2

DETAIL 〉

　従来，非収益事業の用に供していた固定資産をある時期から収益事業の用に供することとなった場合には，そのとき以降，当該固定資産については経理の区分替えを行わなければならないこととなりますが，その区分替えを行う場合にその区分替えの基礎となる帳簿価額は，どのような金額によったらよいのかという問題があります。

　法人税基本通達15-2-2によれば，公益法人等がその区分経理にあたりあらかじめ固定資産につき評価替えを行い又はその帳簿価額の増額をしたときであっても，その増額はなかったものとする旨規定されています。

　ご質問は，公益会計上償却不足がある減価償却資産であっても実際の帳簿価額（いわゆる過大となっている簿価）のままで区分経理してもよいかどうかということですが，結論から言って，償却不足額があったとしても実際の帳簿価額によって区分経理しても差し支えありません。

　ここで，従来非収益事業において，その固定資産につき減価償却をほとんど行っていなかった場合にも，その帳簿価額をそのまま収益事業の方へ付け替えることにより，実質的に過去の償却不足相当額を収益事業の方へ持ち込み，事後償却の対象とすることが認められるのかどうかという疑問が生じます。これについて，従来税法の規定によって減価償却をしたとした場合の未償却残額であるいわゆる理論簿価によるべきであると考えることもできるでしょう。

　しかし，もともと非収益事業における経理については，法人税法の規制の及ばない分野ですから，従来その経理において行われていた減価償却等の計算については，特段の理由のない限り一応妥当なものであったものとみて区分経理することを認めざるを得ないという考え方に立って，上記法人税基本通達15－2－2において，固定資産の区分替えにあたっては帳簿価額の減額も増額も行わない割り切った取扱いをすることを明らかにしているといえます。

●**法人税基本通達**

（固定資産の区分経理）

15－2－2　公益法人等又は人格のない社団等が，収益事業以外の事業の用に供していた固定資産を収益事業の用に供することとしたため，これにつき収益事業に属する資産として区分経理をする場合には，その収益事業の用に供することとなった時における当該固定資産の帳簿価額によりその経理を行うものとする。この場合において，当該公益法人等又は人格のない社団等が，その区分経理に当たりあらかじめ当該固定資産につき評価換えを行い，その帳簿価額の増額をしたときであっても，その増額はなかったものとする。

Q80　区分替えした固定資産に係る減価償却限度額の計算

> **Q79**の場合において，非収益事業から収益事業の用に供することになる
> ため区分替えを行う車両運搬具の減価償却限度額の計算は，どのように行
> うのですか？

A ··

SUMMARY〉　法人税基本通達７－４－３から７－４－４の２までに定める償却方
法を変更した場合の償却限度額の計算の例によることとされています（詳しくは次
頁の計算例をご参照ください）。

Reference〉　法基通７-４-３～７-４-４の２・15-2-2（注）

DETAIL〉

　非収益事業に供していた固定資産を収益事業に属するものとして区分経理を
した場合，その後の当該固定資産に係る減価償却の限度額計算については，法
人税基本通達７－４－３から７－４－４の２までに定める償却方法を変更した
場合の償却限度額の計算の例によることとされています（法基通15－２－２
（注））。

　これは，収益事業への区分経理後の償却方法が，旧定率法又は定率法である
場合には，その区分経理をした日における帳簿価額，その固定資産に係る改定
取得価額又は取得価額を基礎として，その固定資産について定められている耐
用年数に応ずる償却率，改定償却率又は保証率により償却計算をすることにな
ります。

　収益事業への区分経理後の償却方法が，旧定額法又は定額法である場合には
その区分経理をした日における帳簿価額を取得価額とみなし，旧定額法にあっ
てはその実際の取得価額の10％相当額を残存価額として計算します。償却率の
基となる耐用年数については，法人の選択により，その固定資産の法定耐用年
数と法定耐用年数から経過年数を控除した年数のいずれかの年数によることが

できることとされています。

計算例

　以下の資料により，非収益事業の用に供していた固定資産を収益事業の用に
供することとした場合の区分経理初年度の償却限度額を，定率法の場合，定額
法の場合それぞれについて計算します。

区分替えをした事業年度	2019年4月1日～2020年3月31日
区分替えをした日	2019年4月1日
固定資産の取得日	2018年4月1日
実際の取得価額	2,400,000円
区分経理をした日の帳簿価額	2,000,000円
法定耐用年数	6年

《定率法の場合》

　　調整前償却額＝区分した日の帳簿価額×耐用年数6年の定率法の償却率

　　　　　　　＝2,000,000円×0.333

　　　　　　　＝666,000円

　　償却保証額＝実際の取得価額×耐用年数6年の保証率

　　　　　　　＝2,400,000円×0.09911

　　　　　　　＝237,864円

　　調整前償却額＞償却保証額

　　　∴区分経理初年度の減価償却限度額　666,000円

《定額法の場合》

　　2,000,000円／2,400,000円＝0.833…耐用年数6年の場合の定率法未償却

　　　　　　　　　　　　　　　　　残額割合に見合う経過年数→1年

法定耐用年数6年－経過年数1年＝改定耐用年数5年…これに見合う定額法

償却率0.200

区分経理をした日の帳簿価額2,000,000円×0.200＝400,000円

∴区分経理後の毎期の減価償却限度額　400,000円

●**法人税基本通達**

（固定資産の区分経理）

15－2－2　公益法人等又は人格のない社団等が，収益事業以外の事業の用に
供していた固定資産を収益事業の用に供することとしたため，これにつき収
益事業に属する資産として区分経理をする場合には，その収益事業の用に供
することとなった時における当該固定資産の帳簿価額によりその経理を行う
ものとする。この場合において，当該公益法人等又は人格のない社団等が，
その区分経理に当たりあらかじめ当該固定資産につき評価換えを行い，その
帳簿価額の増額をしたときであっても，その増額はなかったものとする。

（注）　本文により収益事業に属するものとして区分経理をした固定資産に係
るその後の償却限度額の計算については，7－4－3から7－4－4の2
まで《償却方法を変更した場合等の償却限度額》の例による。

Q81　公益法人等の解散

当法人は公益法人なのですが，一定の役目をはたしたので，解散し清算することとなりました。

収益事業を営んでいましたので法人税の申告は従前より行っていましたが，解散，清算する場合の法人税の申告はどうなりますか？

A ···

SUMMARY　事業年度開始の日から解散の日までの期間をみなし事業年度として，収益事業から生じた所得について法人税の申告を行い，解散の日の翌日から定款に定めた事業年度の終了の日までを1事業年度として，再度法人税の申告を行います。

その後，清算中の法人の残余財産が事業年度の中途において確定した場合には，事業年度開始の日から残余財産の確定の日までの期間を清算確定年度として，収益事業から生じた所得について法人税の申告を行います。

Reference　法法14①一・二十一，認定法5十八

DETAIL

公益法人等が事業年度の中途において解散（合併による解散を除く）をした場合，当該事業年度開始の日から解散の日までの期間をみなし事業年度として，収益事業から生じた所得について法人税の申告を行います（法法14①一）。

そして，解散の日の翌日から定款に定めた事業年度の終了の日までを1事業年度として，再度法人税の申告を行います。この点，一般社団法人又は一般財団法人が一般社団法人及び一般財団法人に関する法律206条各号（清算の開始原因）に該当する解散をした場合における清算中の事業年度については，上記とは異なり，定款で定めた事業年度にかかわらず，普通法人（破産のケースを除く）と同様の解散の日の翌日から1年を経過する日までの期間となります。

その後は，事業年度終了の日の翌日から定款で定めた事業年度終了の日までを1事業年度として法人税の申告を行い，清算中の法人の残余財産が事業年度

の中途において確定した場合には，事業年度開始の日から残余財産の確定の日までの期間を清算確定年度として，収益事業から生じた所得について法人税の申告を行います（法法14①二十一）。

　なお，公益法人等が合併以外の事由により解散，清算した場合の残余財産については，引き続き公益的な事業活動に使用される必要があるため，以下に掲げる公益事業を行う者を帰属先としてその公益法人等の定款に定めることが公益認定の要件の一つとされています（認定法5十八）。

① 類似の事業を目的とする他の公益社団法人又は公益財団法人
② 学校法人
③ 社会福祉法人
④ 独立行政法人
⑤ 国立大学法人又は大学共同利用機関法人
⑥ 地方独立行政法人
⑦ 国又は地方公共団体

　通常，これらの法人が解散，清算した公益法人等からその残余財産の引渡しを受けた場合においても，その行為自体が法人税法上収益事業に該当しない等の理由により，法人税は課税されないものと考えられます。

●法人税法

（みなし事業年度）
第14条　次の各号に規定する法人が当該各号に掲げる場合に該当することとなつたときは，前条第1項の規定にかかわらず，当該各号に定める期間をそれぞれ当該法人の事業年度とみなす。
　一　内国法人が事業年度の中途において解散（合併による解散を除く。）をした場合　その事業年度開始の日から解散の日までの期間及び解散の日の翌日からその事業年度終了の日までの期間
　二十一　清算中の法人の残余財産が事業年度の中途において確定した場合　その事業年度開始の日から残余財産の確定の日までの期間

●認定法

（公益認定の基準）

第5条　行政庁は，前条の認定（以下「公益認定」という。）の申請をした一般
社団法人又は一般財団法人が次に掲げる基準に適合すると認めるときは，当
該法人について公益認定をするものとする。

十七　第29条第1項若しくは第2項の規定による公益認定の取消しの処分を
受けた場合又は合併により法人が消滅する場合（その権利義務を承継する
法人が公益法人であるときを除く。）において，公益目的取得財産残額があ
るときは，これに相当する額の財産を当該公益認定の取消しの日又は当該
合併の日から1箇月以内に類似の事業を目的とする他の公益法人若しくは
次に掲げる法人又は国若しくは地方公共団体に贈与する旨を定款で定めて
いるものであること。

イ　私立学校法第3条に規定する学校法人

ロ　社会福祉法第22条に規定する社会福祉法人

ハ　更生保護事業法第2条第6項に規定する更生保護法人

ニ　独立行政法人通則法第2条第1項に規定する独立行政法人

ホ　国立大学法人法第2条第1項に規定する国立大学法人又は同条第3項
に規定する大学共同利用機関法人

ヘ　地方独立行政法人法第2条第1項に規定する地方独立行政法人

ト　その他イからヘまでに掲げる法人に準ずるものとして政令で定める法
人

十八　清算をする場合において残余財産を類似の事業を目的とする他の公益
法人若しくは前号イからトまでに掲げる法人又は国若しくは地方公共団体
に帰属させる旨を定款で定めているものであること。

Q82 相手株主の言い値で公益財団法人に買い取ってもらった場合の，公益財団法人の課税関係は？

当社は非上場で財産評価基本通達上大会社に該当する同族会社ですが，このたび同族株主に該当する甲から所有株式の引取りを求められました。甲は，引取価額として1株当たり2万円を提示していますが，純資産価額で評価すると1株当たり8万円となり，所得税基本通達59－6に従って財産評価基本通達に基づいて評価すると1株当たり3万円となります。

この株式については，当社の同族関係者が理事となっている公益財団法人に引き取ってもらおうと考えていますが，相手株主甲の言い値である2万円で引き取っても課税関係は生じないでしょうか？

A ………………………………………………………………………………

SUMMARY〉 公益財団法人に課税関係は生じません。

Reference〉 所法59

DETAIL 〉

法人が資産を取得する場合に，その取得価額が時価よりも低いときは，その取得価額と時価との差額は，受贈益として益金の額に算入することになり，これについて課税関係が生じます。

しかし，公益法人等である公益財団法人の場合には，収益事業に係る収入についてのみ法人税が課税されることになっており（法法4・7），寄附を受ける行為は収益事業に該当しませんから，ご質問の公益財団法人がその取得をする場合には，その公益財団法人について法人税の課税関係は生じないことになります。

なお，株主甲については，みなし譲渡の規定（所法59）が適用される場合があることに留意する必要があります。

みなし譲渡の規定とは，法人である買手に対し，個人である売手が時価の2

分の1未満で資産を譲渡（贈与を含む）した場合，時価で譲渡したものとみなして譲渡所得の計算を行うというものです。

そして，所得税基本通達59－6において，原則として以下のイ〜ニによることを条件に，財産評価基本通達によって算出した価額を時価とすることができる旨規定されています（ただし，課税上弊害がある場合を除きます）。

イ　「同族株主」に該当するかどうかは，譲渡直前の議決権の数により判定する。

ロ　「中心的な同族株主」に該当する場合には，「小会社」として評価する。

ハ　土地及び上場有価証券は，譲渡時点の時価で評価する。

ニ　純資産価額方式にて評価する際に，評価差額に対する法人税等相当額は控除しない。

お尋ねの場合ですと，財産評価基本通達に基づいて評価すると1株当たり3万円ということですから，甲の言い値である1株当たり2万円は3万円の2分の1以上でありますので，みなし譲渡の規定は適用されないと考えられます。ただし，甲が上記ロの「中心的な同族株主」に該当した場合に「小会社」として評価した価額が1株当たり4万円を超えるときは，みなし譲渡の規定が適用されることになります。

●**所得税法**

（贈与等の場合の譲渡所得等の特例）
第59条　次に掲げる事由により居住者の有する山林（事業所得の基因となるものを除く。）又は譲渡所得の基因となる資産の移転があつた場合には，その者の山林所得の金額，譲渡所得の金額又は雑所得の金額の計算については，その事由が生じた時に，その時における価額に相当する金額により，これらの資産の譲渡があつたものとみなす。
　一　贈与（法人に対するものに限る。）又は相続（限定承認に係るものに限る。）若しくは遺贈（法人に対するもの及び個人に対する包括遺贈のうち限定承認に係るものに限る。）
　二　著しく低い価額の対価として政令で定める額による譲渡（法人に対するものに限る。）

Q83 事務局員の不正が税務調査で発見され，重加算税が発生すると言われた場合の対応は?

> 非営利法人の事務局員が収益事業の資産を横領し着服をしていた事実が税務調査で判明しました。過少申告を修正申告しましたが，税務署から仮想隠蔽による重加算税が発生すると言われています。どのように対応すればよいでしょうか？

A ....

SUMMARY 税務当局の課税実務において，法人の代表者以外の使用人等による仮想隠蔽が行われた場合でも，納税者（代表者）と同視できないといった特段の事情が認められない限り，重加算税が課されるケースがあります。

裁判所が重加算税賦課は適法とした金沢地裁平成23年1月21日判決の判決文が参考になります。「納税者本人が，相当の注意義務を尽くせば，役員や従業員の隠蔽仮装行為を認識することができ，法定申告期限までにその是正や過少申告防止の措置を講ずることができたにもかかわらず，納税者においてこれを防止せずに前記行為が行われ，それに基づいて過少申告がされたときには，前記行為を納税者本人の隠蔽仮装行為と同視して，納税者本人に重加算税を賦課することができるというべきである。」。いわゆる「同視理論」に，ざっくりと引き込まれないように注意が必要です。

Reference 国税通則法68①

DETAIL

従業員等の不正を防止するために，社内で整備・運用する仕組みを内部統制といいます。内部統制は見えにくく，組織に暗黙で根付いていたりするケースも少なくないので，その場合はざっくりとした『同視理論』を覆すのは難しくなります。一番の対策は，不正を防止するための内部統制の見える化（マニュアル，規定や業務フロー図の整備）ですが，それができていない場合には，調査官に粘り強く説明をし，理解を促す必要があります。

　従業員等の行為が納税者の行為と同視できるか否かの判断は，主に，次の①②がポイントになります。

①　従業員が会社の中で重要な地位にいる

②　管理，監督していれば容易に発見できた

　従業員不正が発生していたとしても，納税者が有効な内部統制を整備・運用していた場合には，重加算税を免れる可能性があります。

　例えば，以下のような内部統制システムが考えられます。

- 現金取引をやめて銀行振込とする。
- 定期的に金融機関から残高証明書，当座照合表を入手し，差異チェックをする。
- 売掛金の年齢調べを定期的に行い，回収期限が経過している売掛金について営業や得意先に問い合わせる。
- 定期的に支店や店舗に往査に行き，金庫や現金出納帳や在庫受払簿をチェックする。
- 相互チェックできるよう担当者を複数置く，定期的に担当替えを行う。
- IT システムの重要情報へのアクセス履歴及び利用者の操作履歴等のログを記録，保存する。
- 内部監査，外部専門家による監査を実施する。
- 内部通報システムを活性化する（従業員や取引先からの告発・情報提供を税務署ではなく社内に通報してもらえるようにする）。

　不正は，「動機」「正当化」「機会」の3条件がそろったときに発生するといわれていますが，内部統制を整備・運用することでその「機会」を減らし，かつ，発生してしまっても重加算税を回避することが期待できます。

●国税通則法

（重加算税）
第68条　第65条第1項（過少申告加算税）の規定に該当する場合（修正申告書
　　の提出が，その申告に係る国税についての調査があつたことにより当該国税
　　について更正があるべきことを予知してされたものでない場合を除く。）にお
　　いて，納税者がその国税の課税標準等又は税額等の計算の基礎となるべき事
　　実の全部又は一部を隠蔽し，又は仮装し，その隠蔽し，又は仮装したところ
　　に基づき納税申告書を提出していたときは，当該納税者に対し，政令で定め
　　るところにより，過少申告加算税の額の計算の基礎となるべき税額（その税
　　額の計算の基礎となるべき事実で隠蔽し，又は仮装されていないものに基づ
　　くことが明らかであるものがあるときは，当該隠蔽し，又は仮装されていな
　　い事実に基づく税額として政令で定めるところにより計算した金額を控除し
　　た税額）に係る過少申告加算税に代え，当該基礎となるべき税額に100分の35
　　の割合を乗じて計算した金額に相当する重加算税を課する。

Q84　公益法人等の決算書はどのルールに基づいて作ればいいのですか？

公益法人とNPO法人と非営利型一般法人の経理を担当しています。それぞれの決算書はどのルールに基づいて作ればいいのですか？

A ···

SUMMARY　公益法人は公益法人会計基準，NPO法人はNPO法人会計基準，一般法人は規制はありませんが一般に公正妥当と認められる会計基準を使うことになります。また医療法人は医療法人会計基準，社会福祉法人は社会福祉法人会計基準を使うことになります。

Reference　非営利組織会計検討会による報告「非営利組織における財務報告の件と財務報告の基礎概念，モデル会計基準の提案」

DETAIL

　それぞれの組織によって提供されているサービスは比較的類似的なので，同様のサービスの提供においてどの組織で行っても同じようにパフォーマンスが見える，わかりやすいことを社会的には求められており，会計に関するルールは共通化できるところは共通化する動きがあります。2019年7月に日本公認会計士協会から，非営利組織会計検討会による報告「非営利組織における財務報告の件と財務報告の基礎概念，モデル会計基準の提案」が公表されました。公益法人会計基準，NPO法人会計基準，学校法人会計基準，社会福祉法人会計基準，医療法人会計基準の整合性を確保した非営利組織モデル会計基準の設定が検討されています。特に，正味財産増減計算書は活動計算書への名称変更に伴う内容の変更が重点課題の一つです。

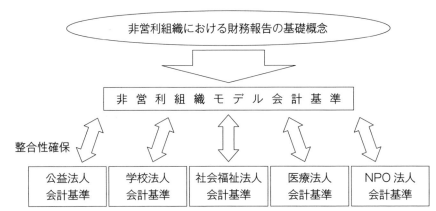

（出所）JICPA ジャーナル2021年1月号より

Q85　公益法人の行政庁による立入検査について教えてください

　当法人は非営利型一般法人で，公益法人として認定を受けられる可能性
があるのですが，立入検査が心配で，公益法人になるかどうかを迷ってい
ます。立入検査について教えてください。

A ··

SUMMARY　法令で明確に定められている公益法人として遵守すべき事項の運営
実態を確認するために行われます。

《検査内容》

- 運営組織及び事業活動の状況の検査
- 帳簿，書類その他の物件の検査
- 関係者への質問

《検査時期》

　1回目はできるだけ早期に以後3年以内に1回実施。

　（おおむね1ヵ月前に実施時期日時・場所等の連絡あり）

《具体的な検査内容》

- 公益認定審査等の際の申し送り事項を重点的に検査
- 事務的事項よりは，公益目的事業にかかわる事項をチェック
- 法人運営全般については理事・監事等の責任者に説明を求める

Reference　認定法27①

DETAIL

　以下は，内閣府公表資料からの抜粋です。

【指摘事項が多い項目】

　過去3年間（平成28～30年度）の立入検査において，指摘事項が多い項目は以
下のとおり。

順位	項目	順位	項目
1	規定の未整備（16％）	6	社員総会・評議員会の招集決議等の不備（6％）
2	現預金・印鑑・金庫の管理不十分（8％）	7	備置き資料なし（5％）
3	会計処理が不適切（7％）	8	規定の不遵守（5％）
4	議事録等の不備（7％）	9	変更認定・変更届出等の未提出（4％）
5	理事等の理事会での業務報告なし（7％）	10	余剰金あり（4％）

　上位10項目で全指摘の7割を占めており，年度毎に見ても順位に大きな変動はない。

　また，「特に問題なし」が全体の22％あり，検査実施法人の2割は指摘事項がなかったことになる。

（参考2）立入検査・報告徴収から勧告に至った法人に係る勧告の理由

1．公益社団法人日本ポニーベースボール協会（平成28年2月26日（取消し））
　⇒公益認定の取消しの申請
　① 社員総会を4か年度開催していないこと
　② 行政庁に社員総会を開催したとして虚偽の報告を続けたこと
　③ 代表理事が特定の理事の退任届，社員総会及び理事会の議事録を偽造し，役員変更の登記を得たこと
　④ 前記の事実確認の過程で，問題点を指摘された後の社員総会等における更なる不適切な手続，社員の資格の得喪に関する不当な条件の設定，少年への暴力事件に対する不適切な対応等が明らかとなったこと

2．公益社団法人全国里親会（平成28年7月22日）
　① 平成24年以降の事業報告に不備等があり修正を求めたが，適切な対応がなされていなかったことから，経理的基礎に疑義があること
　② 公益目的事業の実施に必要な認定を受けずに事業を実施していたこと
　③ 法人運営に関し理事及び監事は，職務上の義務違反又は職務怠慢の疑いがあること

また以下は，地方自治体が公表しているよくある指摘事項です。

1　運営，ガバナンス関係

(1)　理事会，社員総会，評議員会の招集，開催
- 定時社員総会，定時評議員会の招集の通知に際して，計算書類等を提供していない。
- 社員総会，評議員会の招集の通知が招集の決定に係る理事会決議後に行われていない。
- 社員総会，評議員会の招集について，理事会において決議していない。
- 決算理事会と定時社員総会，定時評議員会を中2週間以上の間隔を空けていない。

(2)　議事録
- 社員総会，評議員会の議事録に議事録作成者の氏名等の記載が漏れている。
- 理事会の議事録に出席した監事の記名押印が漏れている。

(3)　公告，備置き
- 貸借対照表の電子公告が5年間継続して行われていない。（罰則あり※1）
- 貸借対照表の公告が行われていない。（罰則あり※1）
- 必要な備置き書類が漏れている。（罰則あり※2）

(4)　役員等の変更
- 役員，評議員の変更届を提出していない。（罰則あり※3）
- 欠格事由に該当しないことについて，書面により確認を行っていない。

2　財務，会計関係

(1)　会計基準
- 平成20年会計基準で定められた様式，表示に沿っていない。

(2)　財務諸表等
- 賞与引当金，退職給付引当金，役員退職慰労引当金について，適切に算定した引当金額が計上されていない。
- 期末において未払いとなっているものについて，未払金として計上されて

いない。

- 引当金の計上要件を満たしていないにもかかわらず，引当金として計上している。
- 長期借入金のうち1年以内に返済期限が到来するものについて，流動負債に計上していない。

(3) 認定法等

- 使途の定めがない受取寄附金や受取会費を適切に計上していない。
- 控除対象財産の区分を誤っている。

(4) 経理処理等

- 期末の預金残高を残高証明書により確認していない。
- 費用の配賦における従事割合の算定根拠が整理されていない。
- 内規に定める決裁区分に沿った手続がなされていない。
- 固定資産台帳を整備していない。

※1・2　100万円以下の過料
※3　50万円以下の過料

● 認定法

（報告及び検査）

第27条　行政庁は，公益法人の事業の適正な運営を確保するために必要な限度において，内閣府令で定めるところにより，公益法人に対し，その運営組織及び事業活動の状況に関し必要な報告を求め，又はその職員に，当該公益法人の事務所に立ち入り，その運営組織及び事業活動の状況若しくは帳簿，書類その他の物件を検査させ，若しくは関係者に質問させることができる。

参考文献

ケース・スタディ法人税実務の手引　辻敢・齊藤幸司責任編集　新日本法規出版（1996年）

新公益法人制度の法務と税務 Q&A ―その手続と税務対策―　新日本アーンストアンドヤング税理士法人・弁護士法人関西法律特許事務所共編　ぎょうせい（2008年）

法人税基本通達の疑問点（五訂版）　渡辺淑夫・山本清次編集代表　ぎょうせい（2012年）

Q&A　親族・同族・株主間資産譲渡の法務と税務（三訂版）　税理士法人山田&パートナーズ編著　ぎょうせい（2017年）

社会福祉法人の会計・税務・監査（第3版）　塩原修蔵・岩波一泰共著　税務研究会出版局（2013年）

武田昌輔 Q&A プロからの税務相談　武田昌輔税法研究グループ編集　新日本法規出版（2013年）

公益法人の会計と税務（第3版）　田中正明著　TKC 出版（2016年）

公益法人・一般法人の運営と立入検査対応 Q&A110　新日本有限責任監査法人・梶谷綜合法律事務所編著　清文社（2015年）

寄附による資産移転で大切な財産を生かす一般社団・財団法人の税務と相続対策活用 Q&A　平松慎矢著　清文社（2016年）

公益法人・一般法人における区分経理の会計・税務　岡部正義著　清文社（2016年）

平成29年2月改訂　実務解説　公益法人・一般法人の会計・税務　新日本有限責任監査法人編　清文社（2017年）

公益法人・一般法人の税務実務（第3版）　出塚清治編著　公益財団法人公益法人協会（2019年）

公益法人・一般法人の Q&A　運営・会計・税務　稲葉威雄・鳥飼重和・中田ちず子監修　大蔵財務協会（2017年）

Q&A 公益法人・一般法人の会計と税務　岡部正義著　清文社（2017年）

平成30年版図解法人税　白井純夫編　大蔵財務協会（2018年）

月刊税理 2017年9月号　日本税理士会連合会監修　ぎょうせい（2017年）

問答式法人税事例選集（令和3年10月改訂）　森田政夫・西尾宇一郎共著　清文社（2021年）

ケース別論点解説　公益法人・一般法人の運営・会計・税務　実践ガイド　岡部正義著　清文社（2018年）

図解法人税（令和3年版）　上竹良彦編　大蔵財務協会（2021年）

問答式源泉所得税の実務（令和3年版）　大西啓之編　清文社（2021年）

公益法人の会計と税務（第3版）　田中正明著　TKC出版（2016年）

税理士／公認会計士必携　NPO法人実務ハンドブック　すぐに役立つ会計・税務の事例詳解　新版　NPO会計税務専門家ネットワーク編著　清文社（2018年）

公益法人等の税務申告　TKC全国会公益法人経営研究会編集・発行（2018年）

Q&A一般社団法人・一般財団法人の会計・税務ハンドブック　脇坂誠也著　清文社（2016年）

一般社団法人・一般財団法人の税務・会計Q&A　田中義幸著　第一法規（2019年）

公益法人等における収益事業の判定実務　田中義幸編著　新日本法規出版（2010年）

租税特別措置法第40条関係通達逐条解説　令和2年版　大野隆太編　大蔵財務協会（2020年）

法人税基本通達逐条解説（十訂版）　高橋正朗編著　税務研究会出版局（2021年）

実例問答式　公益法人の税務（令和元年版）　若林孝三・鈴木博共著　大蔵財務協会（2019年）

【著者紹介】

西川　吉典（にしかわ　よしのり）　公認会計士・税理士

1972年	京都生まれ
1995年	同志社大学工学部機械工学科卒業
1995年	機械メーカーに入社
2004年	公認会計士試験 2 次試験合格
	中央青山監査法人（現 PwC 京都監査法人）京都事務所入所
2009年	西川吉典公認会計士事務所設立
2016年	平安監査法人　CEO 統括代表社員就任
2019年	日本の中小企業の海外進出を支援するために J-Forward, Inc. 設立
	（米国カリフォルニア州（シリコンバレー）設立法人）CEO 就任

主な専門分野：公益法人・非営利法人，スタートアップ，M＆A・組織再編・事業承継，医療・介護，海外進出支援，米国会計・税務

【主な役職】

京都府府民生活部　会計検査員（2009年度・2010年度）

京都市包括外部監査人補助（2018年度）

滋賀県特定非営利活動法人指定委員会委員

京都府公益認定等審議会委員

【主な寄稿】

『税務調査之心得50』（中央経済社　税務弘報2021年 1 月号特集）

『税務の失敗学50』（中央経済社　税務弘報2021年11月号特集）

【著書】

『公益法人移行成功のシナリオ』（中央経済社　2011年）

『地域金融機関と会計人の連携－中堅・中小企業の創業・成長・事業承継・再生支援バイブル』（金融財政事情研究会　2016年）

『社会福祉充実計画の作成ガイド』（中央経済社　2017年）

『事業承継成功のシナリオ～平成30年税制改正後の納税猶予制度の「入口」と「出口」』（中央経済社　2018年）

【執筆協力者】

● 総合経営グループ 医療・社福・公益推進プロジェクト

● 税理士　藤本　慎司

【編者紹介】

税理士法人　総合経営
【本部・京都事務所】
　〒604-0847　京都市中京区烏丸通二条下ル秋野々町529番地　ヒロセビル９階
【一宮事務所】
　〒491-0858　愛知県一宮市栄４-１-５　エースリービル３階
【滋賀事務所】
　〒520-0802　滋賀県大津市馬場二丁目６番13号　T.H.51ビル２階

　1984年長谷川公認会計士事務所開設を母体に京都で創業38年経過しています。創業以来一貫して相続・事業承継・Ｍ＆Ａに業界を先駆けて取り組んでおります。年間相続件数40件，法人顧問軒数500軒を超えています。

　2013年に愛知県一宮市に事業承継Ｍ＆Ａにより事務所を開設し，2017年に滋賀県大津市で３拠点目の事務所を開設しました。地域により密接に関わりながら関与させて頂いている顧問先の発展・成長の一翼を担いたいという思いで全役職員約50名で邁進しています。中堅・中小企業の成長を会計・税務よりサポートしています。

　代表社員　長谷川佐喜男（総合経営グループ代表）
　一宮所長　長谷川真也（総合経営グループ副代表）
　京都統括社員　大江敦司
　滋賀所長　武村治寿
　税理士　落合良治
　URL：http://www.sogokeiei.co.jp/

本書の内容については以下にお問い合わせください。
総合経営グループの税理士，コンサルタントがお答えいたします。
電話　075-211-7550
FAX　075-256-1231
メール　info@sogokeiei.co.jp

法人税の最新実務Q&Aシリーズ
公益法人・非営利型一般法人・NPO法人

2022年6月10日　第1版第1刷発行

編　者	税理士法人総合経営
著　者	西　川　吉　典
発行者	山　本　　　継
発行所	㈱中　央　経　済　社
発売元	㈱中央経済グループ パ ブ リ ッ シ ン グ

〒101-0051　東京都千代田区神田神保町1-31-2
電　話　03(3293)3371(編集代表)
03(3293)3381(営業代表)
https://www.chuokeizai.co.jp
印刷／東光整版印刷㈱
製本／㈲井上製本所

ⓒ 2022
Printed in Japan

＊頁の「欠落」や「順序違い」などがありましたらお取り替えいた
しますので発売元までご送付ください。(送料小社負担)
ISBN978-4-502-41751-1　C3034

●実務・受験に愛用されている読みやすく正確な内容のロングセラー！

定評ある税の法規・通達集シリーズ

所得税法規集
日本税理士会連合会 編
中央経済社

❶所得税法 ❷同施行令・同施行規則・同関係告示 ❸租税特別措置法（抄）❹同施行令・同施行規則・同関係告示（抄）❺震災特例法・同施行令・同施行規則（抄）❻復興財源確保法（抄）❼復興特別所得税に関する政令・同省令 ❽災害減免法・同施行令（抄）❾新型コロナ税特法・同施行令・同施行規則 ❿国外送金等調書提出法・同施行令・同施行規則・同関係告示

所得税取扱通達集
日本税理士会連合会 編
中央経済社

❶所得税取扱通達（基本通達／個別通達）❷租税特別措置法関係通達 ❸国外送金等調書提出法関係通達 ❹災害減免法関係通達 ❺震災特例法関係通達 ❻新型コロナウイルス感染症関係通達 ❼索引

法人税法規集
日本税理士会連合会 編
中央経済社

❶法人税法 ❷同施行令・同施行規則・法人税申告書一覧表 ❸減価償却耐用年数省令 ❹法人税法関係告示 ❺地方法人税法・同施行令・同施行規則 ❻租税特別措置法（抄）❼同施行令・同施行規則・同関係告示 ❽震災特例法・同施行令・同施行規則（抄）❾復興財源確保法 ❿復興特別法人税に関する政令・同省令 ⓫新型コロナ税特法・同施行令 ⓬租特透明化法・同施行令・同施行規則

法人税取扱通達集
日本税理士会連合会 編
中央経済社

❶法人税取扱通達（基本通達／個別通達）❷租税特別措置法関係通達（法人税編）❸連結納税基本通達 ❹租税特別措置法関係通達（連結納税編）❺減価償却耐用年数省令 ❻機械装置の細目と個別年数 ❼耐用年数の適用等に関する取扱通達 ❽震災特例法関係通達 ❾復興特別法人税関係通達 ❿索引

相続税法規通達集
日本税理士会連合会 編
中央経済社

❶相続税法 ❷同施行令・同施行規則・同関係告示 ❸土地評価審議会令・同省令 ❹相続税法基本通達 ❺財産評価基本通達 ❻相続税法関係個別通達 ❼租税特別措置法（抄）❽同施行令・同施行規則（抄）・同関係告示 ❾租税特別措置法（相続税法の特例）関係通達 ❿震災特例法・同施行令・同施行規則（抄）・同関係告示 ⓫震災特例法関係通達 ⓬災害減免法・同施行令（抄）⓭国外送金等調書提出法・同施行令・同施行規則・同関係通達 ⓮民法（抄）

国税通則・徴収法規集
日本税理士会連合会 編
中央経済社

❶国税通則法 ❷同施行令・同施行規則・同関係告示 ❸同関係通達 ❹国外送金等調書提出法・同施行令・同施行規則 ❺租税特別措置法・同施行令・同施行規則（抄）❻新型コロナ税特法・令 ❼国税徴収法 ❽同施行令・同施行規則・同告示 ❾滞調法・同施行令・同施行規則 ❿税理士法・同施行令・同施行規則・同関係告示・同関係通達 ⓫電子帳簿保存法・同施行令・同施行規則・同関係告示・同関係通達 ⓬行政手続オンライン化法・同国税関係法令に関する省令・同関係告示 ⓭行政手続法 ⓮行政不服審査法 ⓯行政事件訴訟法（抄）⓰組織的犯罪処罰法（抄）⓱没収保全と滞納処分との調整令 ⓲犯罪収益規則（抄）⓳麻薬特例法（抄）

消費税法規通達集
日本税理士会連合会 編
中央経済社

❶消費税法 ❷同別表第三等に関する法令 ❸同施行令・同施行規則・同関係告示 ❹消費税法基本通達 ❺消費税申告書様式等 ❻消費税法等関係取扱通達等 ❼租税特別措置法（抄）❽同施行令（抄）・同関係告示・同関係通達 ❾消費税転嫁対策法・同ガイドライン ❿震災特例法・同施行令（抄）・同関係告示 ⓫震災特例法関係通達 ⓬新型コロナ税特法・同施行令・同施行規則・同関係告示・同関係通達 ⓭税制改革法等 ⓮地方税法（抄）⓯同施行令・同施行規則（抄）⓰所得税・法人税政省令（抄）⓱輸徴法令 ⓲関税法（抄）⓳関税定率法令（抄）⓴国税通則法令 ㉑電子帳簿保存法令

登録免許税・印紙税法規集
日本税理士会連合会 編
中央経済社

❶登録免許税法 ❷同施行令・同施行規則 ❸租税特別措置法・同施行令・同施行規則（抄）❹震災特例法・同施行令・同施行規則（抄）❺印紙税法 ❻同施行令・同施行規則 ❼印紙税法基本通達 ❽租税特別措置法・同施行令・同施行規則（抄）❾印紙税額一覧表 ❿震災特例法・同施行令・同施行規則（抄）⓫震災特例法関係通達等

中央経済社